现代经济发展与就业规划

丁丽芸　林可全　马　军　著

图书在版编目（CIP）数据

现代经济发展与就业规划 / 丁丽芸，林可全，马军著 . -- 哈尔滨：哈尔滨出版社，2020.12
ISBN 978-7-5484-5144-0

Ⅰ.①现… Ⅱ.①丁…②林…③马… Ⅲ.①经济发展 – 关系 – 大学生 – 就业 – 研究 – 中国 Ⅳ.① F124 ② G647.38

中国版本图书馆 CIP 数据核字 (2020) 第 185835 号

书　　名：现代经济发展与就业规划
XIANDAI JINGJI FAZHAN YU JIUYE GUIHUA

作　　者：丁丽芸　林可全　马　军　著
责任编辑：张　杰
责任审校：李　战
封面设计：梁浩飞

出版发行：哈尔滨出版社（Harbin Publishing House）
社　　址：哈尔滨市松北区世坤路 738 号 9 号楼　邮编：150028
经　　销：全国新华书店
印　　刷：三河市嵩川印刷有限公司
网　　址：www.hrbcbs.com　　www.mifengniao.com
E-mail：hrbcbs@yeah.net

编辑版权热线：(0451) 87900271　87900272
销售热线：(0451) 87900202　87900203

开　　本：787mm × 1092mm　1/16　印张：6.25　字数：100千字
版　　次：2020 年 12 月第 1 版
印　　次：2022 年 8 月第 2 次印刷
书　　号：ISBN 978-7-5484-5144-0
定　　价：48.00 元

凡购本社图书发现印装错误，请与本社印制部联系调换。
服务热线：(0451) 87900278

PREFACE 前 言

就业乃民生之本，是人民群众改善生活的基本前提和基本途径。就业问题关系着人民群众的切身利益，影响着改革发展稳定的大局，也决定着宏观调控的宏伟目标能否实现。如果没有高素质的劳动力作为支撑，即使有技术、资本以及自然资源等因素的贡献，经济发展也要受到严重制约。我国的人口众多，剩余劳动力也多，劳动力供给数量庞大，在国际经济大环境不佳、国内经济体制转型的情况下，就业问题已经成了制约国民经济体制健康发展的关键一环。

经济发展是就业的前提和保证，就业是支撑经济发展的基础。促进我国经济增长对就业的拉动能力，应当在充分吸收和借鉴西方较为成熟的理论和实践基础上，结合我国的具体情况，既要认识到其一致性与统一性，又要认识到其非一致性，实事求是，客观地分析和解决其中的矛盾，提出适合我国的经济增长对就业的拉动的有效理论，以促进国民经济、社会健康和谐地发展。

本书有两大特点值得一提：

第一，本书结构严谨，逻辑性强，以现代经济发展为主线，对就业规划进行了探索。

第二，本书理论与实践紧密结合，对现代经济发展与就业规划提供了提升路径和方法，以便学习者加深对基本理论的理解。

笔者在撰写本书的过程中，借鉴了许多前人的研究成果，在此表示衷心的感谢。由于现代经济发展与就业规划工作涉及的范围比较广，需要探索的层面也比较多，笔者在撰写的过程中难免会出现不足，对一些相关问题的研究不透彻，提出的现代经济发展与就业规划工作的提升路径也有一定的局限性，恳请前辈、同行以及广大读者斧正。

CONTENTS 目 录

第一章 现代经济发展与就业的基本理论 ... 1
第一节 新时代企业就业与经济发展 ... 1
第二节 经济发展与就业的一般关系 ... 5
第三节 经济发展和扩大就业间的互动模式 ... 14
第四节 就业在社会经济发展中的优先地位 ... 18
第五节 知识经济与就业方式多元化 ... 20

第二章 现代经济发展对就业的影响 ... 25
第一节 经济增长对就业的影响 ... 25
第二节 产业结构对就业的影响 ... 30
第三节 技术进步对就业的影响 ... 32
第四节 创新理念对促进经济发展与就业的影响 ... 37
第五节 绿色发展对我国经济与就业问题的影响 ... 40

第三章 就业规划对现代经济发展的促进作用 ... 46
第一节 就业创业服务推动区域经济发展 ... 46
第二节 基于就业导向的创业型经济发展 ... 50
第三节 以就业增收机制推动社区经济发展 ... 56
第四节 核心竞争力视角下的就业能力与经济发展 ... 59

第四章 职业规划与就业指导研究 ... 64
第一节 职业规划对就业的影响及意义 ... 64
第二节 职业规划教育与就业竞争力的关系 ... 68
第三节 以就业创业指导大学生规划职业生涯 ... 73
第四节 "慢就业"形势下的职业规划与就业指导 ... 76

第五节 全程化体验式大学生职业规划与就业指导 79
第六节 针对基层就业展开职业规划教育指导 82
第七节 职业规划与就业能力的提升指导 85

参考文献 89

第一章 现代经济发展与就业的基本理论

第一节 新时代企业就业与经济发展

随着社会主义市场经济的不断发展,社会企业对于人才的要求越来越高,就业形势也变得更加严峻。在这种背景之下不断地完善经济发展的模式也是发展的必然需求。本节就劳动力就业问题与经济发展之间的联系进行探讨,分析经济发展过程中影响劳动力就业的因素,以解决经济增长和企业就业的矛盾问题。

近几年来,我国各行各业都处于发展的状态,整个市场迎来了欣欣向荣的局面,但是在经济发展的过程中却出现了就业难的问题,这种经济发展下的劳动矛盾问题是新时代急需解决的。只有解决劳动力的就业问题,才能促进经济的稳步提升,促进两方的协调发展,使得社会更加和谐,经济更加稳定。

一、经济发展过程中影响劳动力就业的因素分析

(一)产业结构的不断调整,导致大面积职工失业

企业在发展的过程中,必须跟随经济的变化调整产业结构。在调整产业结构的过程中,会迎来更多的就业岗位。随着新兴产业的不断发展,新技术在社会领域中产生了一定的影响,企业就需要调整内部的产业结构,很多传统的产业都被抛弃甚至淘汰。对于技术较为落后的领域的企业,在市场上也失去了竞争力,从而出现了结构性失业的情况。

调整产业结构是经济社会发展的必然要求,在进行调整的过程中,肯定会存在一些不合理的情况,如效益差,产能低,技术不足。这类企业非常有可能在调整的过程中逐步被淘汰,大部分职工面临失业,失业之后又找不

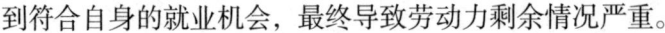

到符合自身的就业机会，最终导致劳动力剩余情况严重。

（二）农业产业化导致大部分劳动力剩余

我国是一个农业大国，在农业方面的产值是不可小觑的。近几年来，我国充分重视农业发展，并对农业给予了政策支持，在信贷资金方面给予了优惠，这一系列政策的出台导致乡镇企业在此基础上得到了迅速的发展。乡镇企业的发展解决了当地劳动力剩余的问题，增加了国家的税收。但是由于乡镇企业自身起步较晚，深受当地环境因素的影响，技术难以提升，就业人口萎缩，发展较慢，很多乡镇企业在这种状态之下不得不缩小自身企业的规模，有些甚至直接倒闭。另外，农业走向产业化，以前零散的经营开始走向规模化、集约化，这些都直接导致农业领域劳动力大量剩余。

（三）中小企业的发展和就业的关系

中小型企业在我国国民经济中占据着重要的地位。近些年来，中小企业迅速发展，成为中国企业的中坚力量，对于劳动力就业问题的改善有着积极的作用。在新时代背景之下，中小企业的发展，为人们的生活水平的提高带来了一定的帮助，就目前我国而言劳动力的成本低廉。中小企业在发展的过程中，开始利用这一点对劳动力进行压榨，加速自身的变革。

随着中小企业在国民经济发展中的比例越来越大，很多企业开始调整内部的经济结构，对于就业的人员要求就越来越高，中小企业的劳动力再次面临裁员。总而言之，中小企业吸收劳动力的能力是不容小觑的，对于我国劳动力就业问题的改善有着特殊的意义。但是随着中小企业的不断发展，在招收人才方面要求也越来越高。

（四）农村劳动力的大量转移，造成农村和城市贫富差距拉大

就目前而言，农村的劳动力出现了大量转移的情况，很多有能力、有学历的青年更愿意去大城市发展，这也是经济发展的必然过程。这一过程就导致了农村和城市之间发展差距越来越大，农村劳动力不足，劳动力技术水平、综合素质较低，经济建设发展迟缓。大多数留在农村的就业人员只能从

事简单的工作，严重阻碍了新农村的建设①。

（五）区域经济发展受到限制，导致劳动力就业迟缓

在我国并没有深入挖掘县级经济的发展，区域经济出现失衡状态，这也是区域差距、城乡差距的主要问题。经济发展受到限制，此时的劳动力就业自然会产生置换的现象。在这种现象之下，劳动力被迫进行转移。因此，县级经济的发展对于劳动力的就业而言具有较大的意义，要积极发展区域经济来解决劳动力就业问题。

二、新时代企业就业与经济发展的问题与对策

在新时代背景下，区域经济发展不仅要注重经济增长的速度，同时还要解决劳动力就业过剩的问题。现如今，经济在发展的过程中，虽然会解决一部分的就业问题，但是就目前形态而言，劳动力就业问题仍然很严重，也造成了社会一系列的连锁反应，这对于构建稳定和谐的社会环境是极其不利的。因此，需要对当前经济发展和企业就业的联系与对策进行探讨，解决劳动力和经济发展之间的矛盾。

（一）统筹区域发展

我国经济在不断发展，政府的财政收入也在稳步提升，对于统筹区域的能力逐步增强，政府要加大对于区域经济在财力和物力方面的支持，针对不同区域，不同程度劳动力就业的问题采用科学合理的方法进行解决，不断完善劳动力的相关政策和制度，加强统筹力度，促进区域经济的协调发展。总体而言，就是需要建立一个统一的劳动力市场，将劳动力市场开放。利用网络多媒体等社交平台发布就业信息，择业人员可以通过固定的网站去寻找适合自身的工作，帮助不同区域的劳动力进行就业。

（二）合理调整产业结构

企业在调整产业结构的同时，政府也要加强对产业结构的引导调控，

---

① 王占军．大学生职业生涯规划咨询案例精编[M]．上海：华东师范大学出版社，2017．

从以往追求经济增长的速度转变为以创造就业为中心，对中小企业、乡镇企业等在发展过程中的优惠支持。政府要重视中小企业对解决就业问题所产生的作用，积极鼓励中小企业的发展。为中小企业的信贷、审批、准入门槛等等提供支持和优惠，给中小企业的发展创造良好的空间，间接解决劳动力过剩的问题。

(三) 大力发展现代化农业

现代化农业的发展开始向产业化、集约化、规模化转变，农业的收入虽然在不断地提升，但是农业在就业方面却出现了问题，如就业岗位少，农业所需要的就业人员要求增加，技术性人才极度缺乏。在此状态之下，更应该大力推进现代农业的发展，为农业提供良好的发展空间，通过政策吸引更多的外出打工人员回到家乡进行创业。

现代化农业在产业化的过程中，表现出了市场化的特征，也在发展的过程中融入了科技和技术，这就对农业就业人员提出了更高的要求，从事农业的工作人员必须具备一定的技术以及专业的水准。农业在发展的过程中，经营主体要不断地提高组织化水平，为劳动力提供明确的岗位需求以及技能要求，保证农产品的供给，以创造就业为中心发展农业。在经济发展的同时，为农业劳动力提供更加优质的岗位。

(四) 加快发展县级经济

积极发展地区经济，不仅有利于缩小贫富差距，还能够夯实农业基础，解决劳动力就业问题。想要解决区域之间差距问题，首先就要发展落后的县域经济。加大对落后地区资金的投入，提高财政的支持，加强对基础设施的建设，完善医保制度，加大对教育的投入，不断扩大消费需求，扶持当地落后的特色产业。与此同时，政府也要发挥自身的监督作用，构建起以市场作为引导、土地节约的工业化道路。

(五) 加强对技能劳动力的培养

在新时代的发展环境之下，劳动力就业难。剩余劳动力具有的普遍特征就是综合素质偏低，因此，需要加强技能型劳动力的培养，不断发挥技能培训服务的优势。在进行技能培训服务时，可以通过网络、多媒体等软件进行职业技能的培训，树立多元化、多层次的培训理念，对相关人员再次进行深造，使得剩余劳动力可以通过网络来获得技能培训服务，不断地提高自身的综合素质。同时，可以不断地开展技能培训，如开展农业、家政等技能培训，以此来提高劳动力的技能水平，以便更多的剩余劳动力能够满足市场的需求。

目前，我国处于人多，劳动力较为丰富的基本国情中，劳动力就业压力越来越大，就业问题也是层出不穷。在这种现状之下，政府部门要加强对社会经济政策的支持和调控，促进产业化、农业化的发展，不断加大县域发展力度，加强对技能培训的指导，提高劳动力的综合水平，使得经济在发展的过程中，劳动力能够跟上经济的步伐。同时，经济也要从以往的追求速度为主要目标，转变为为人民创造就业，最终解决劳动者就业和经济发展之间的矛盾问题。

第二节 经济发展与就业的一般关系

人类社会的经济活动包括生产、分配、交换和消费四个环节，其中生产处于最基础的地位，生产什么、生产多少决定了分配、交换和消费的数量和质量，但分配、交换与消费也反过来决定着生产的结构与发展状态。经济基础决定上层建筑，生产力的发展水平影响国家或地区的就业情况。一般来说，经济发展包括三层含义：一是经济总量的增长，即一个国家或地区产品和劳务的增加，它构成了经济发展的物质基础；二是经济结构的改进和优化，即一个国家或地区的技术结构、产业结构、收入分配结构、消费结构以及人口结构等经济结构的变化；三是经济质量的改善和提高，即一个国家或地区经济效益的提高、经济稳定程度、卫生健康状况的改善、自然环境和生态平衡以及政治、文化和人的现代化进程。就业是民生之本，是人民群众改善生活的基本前提和基本途径。就业和再就业，关系着亿万人民群众的切身利益，关系着改革发展稳定的大局，关系着实现全面建设小康社会的宏伟目标。全球化和技术进步在激发经济增长和就业增加的同时，也加剧了就业的不稳定性以及就业者的失业风险。我国作为一个劳动年龄人口众多的发展中大国，伴随经济结构的战略调整和国有企业的深化改革，面临着巨大的就业压力：一是经济体制改革、经济体制转型造成大量工人下岗；二是市场体制、二元经济、城镇化建设、工业化等使农村剩余劳动力大量向城镇转移；三是加入 WTO 以后，世界经济波动、产业结构变动、科学技术进步等都影响中国劳动力的就业。我国现在正面临着转轨中相对过剩的劳动力资源和传统公有部门存在大量隐性失业的严峻形势。因此，对经济增长与充分就业的相互关系进行深入探讨，有助于为正确的就业政策选择和合理的就业制度安排提供依据。

一、基本概念

就业是人力资源与物质资料相结合创造社会财富的过程，也是社会求职者走上工作岗位的过程与状态。对个体而言，就业是个人获得经济收入的主要手段，是维持个人生活和维系家庭经济的物质基础；是个人发挥才能，满足精神需求，实现名誉、地位、权力等自身价值的途径。对国家和社会而言，就业会带来经济增长、社会稳定和社会成员发展；反之，失业会带来社会成员的贫困，扩大社会贫富差距，引起社会矛盾甚至冲突。因此，世界各国高度重视就业问题。联合国世界首脑大会明确指出，要致力于协调"失业""贫困"和"社会冲突"这三大问题。

（一）就业

劳动是劳动者运用劳动能力改变劳动对象，以创造适应人们生存和发展的社会财富的有目的的社会实践活动。就业是指具有劳动能力的公民在法定劳动年龄内，依法从事某种有报酬或劳动收入的社会活动。所谓劳动就业，是指具有劳动能力的人运用生产资料从事合法的社会劳动，创造一定的经济社会价值，并获得相应的劳动报酬或经营收入，以满足自己及家庭成员的生活需要的经济活动。一般认为，就业者要满足三个条件：第一，在法定的劳动年龄内且具有劳动能力。世界各国对法定劳动年龄的规定各不相同，世界银行建议劳动年龄为 15～64 岁，我国法律规定劳动年龄为男性 16～60 岁，女性 16～55 岁。第二，从事合法的经营活动。不论生产资料所有制性质和用工形式,只要符合国家法律规定的社会劳动都应视为就业。但是,如果劳动有害于社会且属于非法性质,就不属于就业。例如,从事走私、贩毒、卖淫等犯罪活动的人不属于就业者范畴。第三,有劳动报酬或经济收入。即使劳动者从事合法劳动,但如果没有取得经济收入也不属于就业。例如,从事义务劳动、社会救济劳动、劳教人员的劳动、家务劳动等的劳动者不属于就业者范畴[1]。虽然就业必须有法定劳动年龄、社会劳动时间长度、劳动报酬或经济收入的限制,但国际劳工统计协会规定,各国根据自己的国情制定相应的劳动制度。凡在法定劳动年龄内,属于下列情况者之一者视为就业者:一是在规定时间内,正在从事有报酬或有收入职业的人;二是有固定职业,但因疾病、事故、休假、劳动争议、旷工,或因气候不良、机器设备故障等原因暂时停工的人;三是雇主或独立经营的人员,以及协助他们工作的家庭成员,其劳动时间超过正规工作时间的1/3以上者。从劳动者就业地点来看,可以分为城镇就业和乡村就业;从就业的行业来看,可以分为:第一产业就业、第二产业就业、第三产业就业;按照国民经济分组可以分为:农林牧渔业,采掘业,制造业,电力、煤气及水的生产和供应业,建筑业,地质普查业,水利管理业,交通运输业、仓储业及邮电通信业,批发和零售贸易、餐饮业,金融保险业,房地产业,社会服务业,卫生、体育和社会福利事业,教育、文化艺术和广播电影电视业,科学研究和综合技术服务业,国家机关、党政机关和社会团体,以及其他行业。

从就业的模式看,就业包括正规就业和非正规就业。正规就业是传统的有固定工作单位的全日制就业形式,劳动者为雇主工作,并从雇主手里获得维持生存的劳动报酬。例如,各类企事业单位的工作人员、政府机关部门的工作人员以及在非营利组织就业的工作人员等。非正规就业指劳动标准(劳动条件、工时、工资、保险福利待遇)、生产组织管理及劳动关系运作等均达不到正规就业标准的用工和就业形式。国际劳工组织将非正规部门定义为:"发展中国家城市地区那些低收入、低报酬、无组织、无结构的小生产规模的生产或服务单位。"国际劳工组织将非正规就业分为以下几点:容易进入的领域,依赖本地资源,家庭所有制和自我雇用,小规模经营,劳动密

---

[1] 姚先桥.职业生涯六堂课[M].北京:机械工业出版社,2012.

集、技术含量低,非正规教育获得技能训练,不规范的、竞争的市场。我国认为,没有进行申报、登记,不参加社会保险,劳动体系不规范,政府难以统计和监管的就业形式为非正规就业。其中,自我雇用就业是典型的非正规就业形式。自我雇用就业指所有者、经营者和劳动者三位一体的就业形式,一般是劳动者自己经营、自负盈亏的工作。例如,从事种植业、养殖业、加工运输业自己给自己打工的劳动者;从事个体零售商、小吃店、印刷社、装修公司等小本生意的劳动者;从事摄影、绘画、音乐、律师、牙科治疗、会计、自由撰稿等具有专业技能工作的自由职业人士。

从整体劳动力就业状况看,社会存在充分就业和不充分就业两种状态。充分就业并不是失业率等于零,而是总失业率等于"自然失业率"。不充分就业指在法定劳动年龄内的劳动者,有就业愿望和劳动能力,但不能充分得到有报酬的、自由选择的、生产性的就业。

(二)失业

失业的问题是随着西方雇佣劳动制度的产生而产生的。以往的马克思主义经济学家们普遍认为,失业的根源在于资本主义制度,在社会主义是不存在失业现象的。但是,随着我国从计划经济转向市场经济,特别是近几年市场经济体制的深入发展以及宏观经济结构的调整,失业问题已成为不可避免的事实。

失业者指有劳动能力和就业意愿,但尚未找到工作的劳动者。判断一个人是否失业要看两点:一是有没有就业需求,目前是否正在积极地寻找工作;二是有没有就业岗位,目前是否正在从事有收入的劳动。根据导致失业产生的原因划分,可以把失业划分为以下几类:

1.周期性失业

周期性失业,又称为总需求不足的失业,指由于总需求不足而引起的短期失业,即大量求职人员找不到工作,就业人员过剩,人浮于事。这种失业一般出现在经济周期的萧条阶段,与经济的周期性波动是一致的。经济增长的速度并不是稳定的,而是呈现一定的规律性波动。在复苏和繁荣阶段,各生产部门争先扩充生产,就业人数增加。在衰退和谷底阶段,由于社会需求不足,前景暗淡,各生产部门压缩生产,大量裁减雇员,失业人员增加。

2. 结构性失业

结构性失业，是指经济发展，产业结构变化，劳动者的技能、经验、知识结构与生产部门提供的职位空缺所需要的技能、经验、知识结构不相适应而导致的失业。包括产业结构调整型失业、经济体制转轨型失业、经济增长方式转型失业、技术进步型失业、知识经济发展型失业、教育发展滞后型失业、就业观念滞后型失业、地区供求不对称型失业、年龄供求不对称型失业、性别供求不对称型失业等。

3. 摩擦性失业

摩擦性失业，是指因季节性或技术性原因而引起的失业。包含两个部分，第一部分是首次寻求工作的人在开始寻找工作到找到工作之间的时间所造成的失业，第二部分是工作转换过程中的失业。在社会经济、科学技术、知识资本迅速发展和劳动者素质不断提高的条件下，摩擦性失业是就业选择的时间代价。因此，摩擦性失业也被认为是正常的失业。造成摩擦性失业的原因主要有：一是市场机制不完善、就业信息不灵、传递不畅，就业机会与寻找就业的劳动者不能联系在一起，从而产生失业；二是工作转换等原因，出现劳动力供求双方不协调的现象，从而导致失业。经济转型升级的调整过程中导致劳动者在不同工作岗位间转移流动，劳动者在就业或者转换工作时因等待转业而产生的失业现象就是摩擦性失业。

4. 技术性失业

技术性失业，是指由于技术进步所引起的失业。在经济增长过程中，技术进步使知识、资本、技术等生产要素越来越广泛地运用于生产中，先进的设备越来越多地替代人工劳动，生产部门对劳动力的需求逐渐减少，失业者增加。此外，机器设备相对价格下降和劳动力价格相对上升也加剧了机器取代人工的趋势，加重了失业。

5. 选择性失业

选择性失业，是指具有劳动能力的人在择业过程中因主动放弃某一或某些就业机会，而在一定时期内处于失业的状况。《劳动法》规定："公民有根据自己的意愿、才能，结合社会的需要，自主地选择职业、自主择业的权利。"随着社会经济的发展和社会保障制度的完善，劳动者有可选择的工作岗位和工作机会。社会出现许多由于工作岗位不符合心理预期而不愿意去该

工作岗位就业的劳动者，他们为等待更好的工作机遇自愿失业。

6. 隐性失业

隐性失业，是指具有劳动能力并在职的劳动者，工作量不足或不能通过工作获得正常收入，虽有工作岗位但未能充分就业或在自然经济环境里被掩盖的失业。隐性失业大多发生在经济衰退时期，生产商缩减规模或减少生产线，不解聘劳动者的情况下劳动力相对过剩，几个人共同完成一份工作；有时也发生在经济繁荣时期，过分膨胀的就业也会出现人员过剩，几个人共同完成一项工作的现象。

在我国除了有失业人员以外，还存在一定的下岗人员。"下岗"是我国从计划经济向市场经济转型过程中产生的极具中国特色的历史概念，特指实行劳动合同制以前参加工作的国有企业的正式职工以及实行劳动合同制以后参加工作且合同期未满的合同制职工，因企业深化改革和经济结构调整等而脱离工作岗位，但未与企业解除劳动关系，没有在社会上找到其他工作的人员。其实质上是国有企业原岗位上富余出来的一部分劳动者。

（三）经济发展

经济发展是指一国或地区从不发达状态向发达状态转变的过程，通过扩大生产规模和提高生产力水平，实现国民生产总值的可持续增长、人均收入和经济福利水平提高、社会政治经济制度与结构的变化、减少和消灭贫困。经济发展不仅仅指国民经济在规模上的增长，还包括社会、经济、政治结构的优化，人均寿命的延长，民众生活水平和质量的提高，文化水平的提高，分配的公平化和充分就业，等等。经济发展主要包括三个方面：一是国民经济总量的持续增长。经济增长是经济发展的基础，没有经济增长的支持就没有国民财富的增加，减少贫困和提高国民生活水平就会成为奢望。二是社会、经济、政治结构的优化。对于一个民族和国家来说，发展最明显的表现就是结构的变化。结构转变是经济发展的内涵，主要包括城乡人口结构、产业结构、就业结构、社会阶层结构、收入分配结构等。三是质量改善是发展的目标。例如，生活质量改善、生态环境良好、经济增长注重效益性、人的素质的提高与人力资本的积累，等等。

经济活动的短期波动通常被称为经济周期，它是由扩张、高峰、收缩和低谷四个不同的阶段组成。显著的经济扩张时期称为经济繁荣期，在经济上升时期，经济增长速度和运行质量提高，社会经济需求旺盛，劳动需求也相应扩大，从而呈现就业扩大的良好形势，失业率降低。明显的经济收缩时期称为经济衰退期或经济滞胀期，在经济萎缩时期，市场疲软，经济发展速度减缓，经济需求不足，劳动需求也相应收缩，从而呈现就业减少的不良局面，失业率上升。

国民生产总值（GNP）、人均国民生产总值（人均GNP）、贫困、工业化、洛伦兹曲线和基尼系数等都可以用来衡量经济发展的水平。资本、劳动力、自然资源等物质要素和技术进步、经济制度、产业结构等非物质要素都影响着经济发展。其中，劳动力是经济活动的主体，是比较特殊的影响因素，与生产资料相结合能够生产出远远大于自身价值的社会价值。劳动力人口增长率和劳动生产率的增长率决定了一个社会潜在的国民收入的增长率。

二、经济发展与就业的关系

经济发展与就业增长的互动关系是客观存在的，又是不断变化的。总体上来讲，只有经济发展才能够拉动就业，只有就业的持续增长才能够保持经济的健康发展，两者应当相辅相成，既不能片面追求经济增长忽视劳动者的就业，也不能为了追求就业公平就损害经济的发展，这就要求在确保经济发展的同时，要妥善安排就业问题。但是，经济发展和就业增长不一定是正相关关系，经济发展与就业增长是否实现良性的互动，还受到多种因素影响。"十三五"时期，在加快经济发展方式转变和城镇化进程的背景下，为实行"就业优先"的发展战略，并推进"充分就业"的实现，处理好经济发展和就业增长的关系至关重要。

（一）经济发展对就业的影响

1. 经济总量变化对就业总量的影响

经济总量变化和劳动者就业之间有密切联系。首先，经济趋势对就业的影响。经济总量增长，生产商进一步扩大生产规模，需要更多的劳动力与生产资料相结合，进而提供更多的就业岗位，有助于实现充分就业。相反，经济停滞不前或者萎靡不振，生产商缩减规模或减少生产线，劳动力的需求下降，大量劳动者面临失业，难以维持生计。其次，经济周期波动对就业的影响。经济发展是周期性的，在经济周期的顶峰，经济增长快，波动小，有利于就业的稳定增加，往往是失业率很低的时期；在经济周期底部，经济衰退，就业减少，往往是失业严重的时期。因此，经济增长的周期性变化对就业具有重要影响，就业亦呈现周期性变化，就业的波动与经济的周期波动相互联系。西方国家的几次大的经济危机都引起了大量劳动者失业。最后，经济增长对就业规模和质量的影响。经济增长，创造更多的精神财富和物质财富，科学技术、生产管理和组织进一步提高，劳动者也能获得更多的收入进而有继续深造的物质基础，劳动者的数量和质量会得到提高。反之，经济发展下降，大量劳动者失业，维持生计成为问题的情况下，劳动者的数量和质量会下降。

2. 经济结构变化对就业结构的影响

社会政治经济结构变化也是经济发展的一种形式，对就业有显著影响。我国的产业结构、收入分配结构、人力资源结构等社会经济结构变化以及长期的城乡二元化经济结构都会影响到就业[①]a。首先，中华人民共和国成立后，我国长期实行计划经济体制和城乡分割管理模式，导致城乡经济结构和劳动力市场二元化。城市劳动者由国家安排就业，为保障城市劳动者就业，甚至牺牲经济利益，城市劳动者处于低工资高就业的状态；而农村劳动者被户籍政策束缚在农村土地上，难以流动，导致大量劳动力被浪费。二元经济结构变化后，彻底取消了二元劳动力市场，化解了就业矛盾，消除了二元结构下就业的户籍歧视、区域歧视、社会保障歧视，实现了城乡统筹就业的发展目标，使劳动就业成为经济发展的推动力而非阻力。其次，产业结构不断调整，推动着就业结构的调整。产业结构的调整直接影响了劳动力在第一产业、第二产业、第三产业的流动。最后，经济结构变化促进收入分配结构变化。改革开放前，公有制经济占据主体地位，所有制较单一，收入分配结构单一，不利于就业的扩张。改革开放后，公有制为主体，多种所有制经济共存，收入分配结构多元化，适应了不同层次的生产力水平，同时也促使了不同文化层次劳动者在不同领域的不同工作岗位上就业。

---

① [美] 卡耐基职业生涯核心编译组. 你的一生要有一个计划：改变你一生的职业生涯 [M]. 北京：民主与建设出版社，1999.

3. 经济发展对劳动力数量和质量的影响

经济发展对劳动力的影响主要体现在以下几个方面：一是经济发展对劳动力数量的影响。科技进步促进劳动生产率提高的同时，为社会提供更多的就业机会。经济快速发展，生活水平提高，劳动力可以进行生产和再生产，为劳动力市场提供大量的劳动者，直接影响就业率和就业总量。二是经济发展对劳动力质量的影响。经济发展，物质资料丰富且有剩余，更多的劳动者通过学习获取经验，能够提高劳动者的质量。三是经济发展对劳动力结构的影响。经济发展和科技进步可以改善劳动力的就业结构，促使劳动者从粗放经济向知识经济转移；从农业、工业逐步向服务业转移；从夕阳产业向朝阳产业转移；从体力劳动向脑力劳动方向转移。

(二) 就业对经济发展的影响

1. 就业数量对经济发展的影响

一个国家的国民财富积累是由劳动生产率和参加生产的劳动人数确定的，劳动就业对经济发展具有非常重要的影响。劳动力和生产资料相结合，生产社会物质财富和精神财富，刺激和推动着新的产品和服务的诞生，满足社会成员不断涌现的多种多样的生存及发展需求。劳动力为产业部门提供了脑力和体力劳动，不断创新，生产新的产品和服务，进而增加社会财富积累，推动了人类社会经济的发展。

2. 就业质量对经济发展的影响

工人的平均熟练程度、科学的发展水平和它在工艺上应用的程度等都可以影响生产力。劳动者素质越高，越能促进生产力的发展，促进经济结构的转型升级。劳动者的素质主要体现在受教育水平上，劳动者受教育水平提高，所具有的知识、技能在生产中发挥更好的作用，可以创造出更多的社会财富。劳动者素质提高，从事更多的高科技的工作，满足产业转型升级后不同就业岗位对高素质劳动者的需求，促进劳动生产率的提高，从而有利于高科技经济的发展。

3. 劳动就业对社会经济发展的影响

劳动就业对经济持续增长和社会稳定发展具有重要意义。首先，劳动者就业可以减少贫困。劳动力就业可以提高劳动者及其家庭的收入，满足衣食住行等最基本的生存需求，减少贫困现象的发生，进而促进社会稳定。其次，劳动就业可以保障劳动力可持续再生产，接受良好的教育，增加劳动力的数量和质量，提高全体社会成员生存和生活质量，促进经济可持续发展。最后，改善就业可以实现人的全面发展。经济发展的最终目的是人的全面发展，满足基本生存需求、获得社会的认可、实现自我价值等都需要劳动就业来实现。

第三节 经济发展和扩大就业间的互动模式

经济发展与扩大就业两者之间是相互影响、相互依存的。经济的发展可以增加就业岗位，为扩大就业提供动力；而扩大就业可以为经济发展提供更多的经济增长点，保证经济发展的可持续性。实现经济发展与扩大就业之间的良性互动，对我国经济增长以及就业形势的改善有着重要作用。但是，经济发展与扩大就业的互动效果会受到许多因素的影响，要想实现良性互动，必须解决互动过程中的问题，协调好两者之间的关系。对此，本节针对当前经济发展所带来的就业问题进行分析，阐述了实现经济发展与扩大就业间良性互动的关键点，并提出了实现经济发展与扩大就业间良性互动的策略，希望能为我国经济发展与扩大就业提供一定的帮助。

一、当前经济发展形势所带来的就业问题

第一，经济转型所带来的就业问题。目前，我国正处于经济转型的关键阶段，许多传统制造业开始向技术创新产业转型。以技术创新为动力是我国经济发展的必然趋势。但是空有技术创新，却没有与技术相匹配的先进设备与人才也是不可行的。首先，企业技术创新需要大量的科技型人才。企业在规模不变的条件下，岗位设置的数量也不会有太大的变化，如果引进大量的科技型人才，那么，原有的不符合企业技术创新发展要求的人员就会被迫下岗，造成结构性失业。这些失业人员当中有的已经在该岗位工作了很长时间，年龄也比较大，再次就业将会有很大的难度。其次，由于技术创新对专业性要求比较高，所以在劳动市场当中难以找到符合企业要求数量的高素质

人才。而一旦人才供应不足，企业的技术创新也会受到一定的阻碍。

第二，平均工资水平提高所带来的就业问题。在过去很长一段时间，我国的劳动力成本都比较低，大多数劳动密集型企业利用这一优势大力发展经济。现如今，社会经济迅速发展，人们对工资与社会待遇的要求越来越高，传统的发展方式已经无法满足当前的经济发展要求，提高工资待遇水平、增加社会保障福利成为社会经济发展的必然趋势。平均工资水平的提高对就业形势而言，有利也有弊。一方面，平均工资水平提高，人们就获得了更多的经济收入，消费水平也就更高。消费拉动经济，通过扩大内需的方式，促进市场经济的发展。而经济发展后，就可以为就业人员提供更多的就业岗位。另一方面，平均工资水平提高，企业运营的成本就会提高，如果运营成本提高的幅度太大，那么，企业运营的经济效益将受到较大影响。特别是某些中小型企业，本身的盈利能力就不是很强，如果运营成本大幅度提高，那么，企业将难以继续吸纳人才，甚至还要在原有基础上进行裁员，以保证企业的正常运行。

第三，扩大内需与提高汇率所带来的就业问题。以前我国的经济都是靠外需拉动的，而近年来，我国积极采取措施扩大内需，使内需成为我国经济发展的主要动力。这种经济发展动力的变化并非偶然，而是生产方式、产业关系调整的必然结果。经济发展动力的转变，就意味着社会资源分配、社会价值观、社会消费行为以及相关经济政策的变化[①]a。从长远的角度来看，扩大内需的方式可以有效促进经济发展，缓解就业压力，但是内需市场的发展需要一个漫长的过程，不仅要优化产业结构，还要对产业结构调整所带来的劳动力转移问题进行处理。而大量的劳动力转移使劳动力市场产生较大的波动，从而影响到就业。汇率的提高会使得我国经济发展受全球经济形势的影响，许多中小型企业的运营成本会大大提高，对人才的资金投入将会明显减少，所以增加了社会就业压力。

二、实现经济发展与扩大就业间良性互动的关键点

要想实现经济发展与扩大就业间的良性互动，必须把握好关键点，协

[①] 郭文臣. 新型职业生涯的挑战与应对[M]. 北京：科学出版社，2015.

调好经济发展与扩大就业间的关系。具体来说，就是在经济发展的过程当中，要考虑到社会的就业形势；在扩大就业时，要考虑到对经济发展的影响。两者相互依存、共同发展，任何一方都不能被忽略。过去都是让就业单方面地适应经济发展形势，而如今必须实现经济发展与扩大就业间的良性互动，在保证社会就业率的同时，促进经济发展。实现经济发展与扩大就业间良性互动的关键点如下：

第一，经济发展与扩大就业的协调。实现良性互动最重要的就是互动双方关系的协调，防止出现经济发展速度快、就业困难或者就业率较高、经济增长缓慢的情况。扩大就业与经济增长之间是相互推动、相互促进的关系，所以，在经济发展时，要控制好发展速度，防止速度过快而导致企业盲目增加就业岗位，造成大量的资源浪费；在扩大就业时，也不能盲目地追求数据，防止经济发展过程中出现"泡沫经济"等问题。

第二，劳动力的优化配置。劳动力的优化配置是实现经济发展与扩大就业间良性互动的重要手段，其可以有效降低企业的失业率。在经济转型过程中，产业结构发生变化，传统的劳动力配置方案不符合当前经济发展的要求。因此，必须优化劳动力配置方案，在发掘新经济增长点、增加就业岗位的同时，还要对劳动力资源进行合理分配。比如，对结构性失业人员开展转职培训工作，加大对失业人群的救助，加强对再就业人员的扶持等，使得结构性失业人员能够尽快适应当前的社会环境。

第三，人力资源的合理开发。在开发人力资源时，必须考虑到对经济发展与扩大就业两方面的影响。同时，要注意人力资源开发过程中的人性化因素，改变过去劳动力被动接受环境的行为，合理开发人力资源，使得人力资源开发在促进经济增长的同时，提高社会的就业率。

三、实现经济发展与扩大就业间良性互动的策略

第一，促进新兴产业发展。促进新兴产业发展，扩大新兴产业规模是我国目前为解决就业问题所提出的重要战略。我国对新兴产业的发展进行了严密的规划，把节能环保型产业、信息技术型产业、生物研究型产业、先进设备制造产业、新能源开发产业、新材料研发产业以及新能源汽车制造产业等七大新兴产业作为战略发展的主要目标。这些新兴产业出现的时间比较晚，

发展处于起步阶段，所以存在较大的发展空间，再加上这些产业通常都具备与之匹配的产业链，所以推动新兴产业的发展对改善就业形势、促进经济增长有显著的效果。在促进新兴产业发展的过程中，通过完善服务体系、合理分配劳动力资源、大力推动技术创新的方式扩大新兴产业发展规模，从而为就业人员提供更多就业岗位，最终实现由产业发展带动就业。

第二，扩大传统产业就业需求。虽然经过长期的发展，我国的经济体系与产业结构都已经基本形成，但是总体水平不高，农业生产效率比较低，工业发展还未完全实现自动化，高新技术产业技术还不够成熟，所以三大产业都还有较大的发展空间。利用这一优势，就可以扩大就业。加大技术创新力度，优化产业配置，增加企业吸纳就业的容量。可以将劳动密集型产业与技术创新型产业融合在一起，既能充分利用劳动力资源，又能推动技术创新，提高企业的核心竞争力。首先，在农业方面，现代化农业重在技术创新和生产管理，所以对技术型人才与生产管理型人才的需求量有所提高，为农业技术型人才以及农业生产管理型人才提供更多就业的机会，也为附近农村劳动力的就业创造条件。其次，调整工业发展结构，促进高技术产业就业。我国中低技术型工业吸纳就业的能力比较强，相比而言，高技术产业吸纳就业的能力相对薄弱，还有较大的发展空间，所以需要调整工业发展结构。最后，促进社会服务行业的发展。目前我国服务业就业主要集中在商业服务与技术服务行业，而社会服务行业从业人员相对较少，还存在较大的发展空间，所以要促进社会服务行业发展，挖掘社会服务行业的就业潜力。

第三，鼓励中小型企业吸纳就业。虽然大型企业可以一次性提供大量的就业岗位，但是全国的大型企业数量较少，绝大部分都是中小型企业。中小型企业为我国经济增长做出了巨大的贡献，且为我国提供了大量的就业岗位，因此，鼓励中小型企业吸纳就业成为我国缓解就业压力的主要手段之一。但是就目前而言，我国中小型企业缺乏强有力的融资手段，投资较少，严重制约了中小型企业的发展。我国为解决这一问题，对中小型企业的发展进行了规划，鼓励大型企业带动中小型企业发展，使其成为集中的产业群；出台相关财政税收优惠政策，为中小型企业提供更多的融资渠道，从而促进中小型企业的发展。

必须要协调好经济发展与扩大就业之间的关系，通过促进新兴产业发展、扩大传统产业的就业需求、鼓励中小型企业吸纳就业等手段调整产业结构，优化劳动力资源配置，提高社会就业率，实现经济发展与扩大就业间的良性互动。

第四节　就业在社会经济发展中的优先地位

就业问题在人们的日常生活与社会生活中扮演着重要角色，它是一个人实现自身劳动价值最直接的体现。从社会层面上说，就业是民生之本。它不仅能够促进社会发展与进步，还有利于社会和谐稳定。从劳动者自身层面看，就业是其取得经济报酬的主要途径，是生活的主要经济来源。在社会经济发展政策中，我们有必要也必须要把就业置于优先发展的地位，只有这样，才能更好更快地实现全面建设小康社会这一伟大目标。

一、就业在社会经济发展中的重要性

就业问题在世界范围内一直都是难以解决的问题。就业在社会经济发展中的重要性，体现在生活的各个方面。一是从社会发展角度上看，就业是民生之本，它是巩固并提高经济基础的关键实现形式。一个良好健康的就业形势能够推动社会经济的发展，加快国家发展的步伐，促进社会稳定和谐发展。相反，如果是一个严峻且不容乐观的就业形势，就必将会阻碍社会的稳步发展。对于国家而言，良好的就业形势是安国之策。它能够保障社会经济体系的正常运转。二是从个人发展角度看，就业是劳动者实现个人价值的重要手段。就业者通过个人的劳动获取劳动报酬，维持了生活的来源。与此同时，就业者也实现了自身的社会价值，提高了精神境界。现实证明，只有个人生活拥有了物质上的保障，才能更好地促进其他方面的进步。所谓的"经济基础决定上层建筑"，是有充分的现实依据的。

二、就业在我国社会经济发展中存在的问题

关于就业这一问题，具有长期性与紧迫性的特点。因此，我们更应该将就业问题放在社会经济发展的优先地位。就业问题突出体现在社会生活的多

个方面。首先，快速增长的劳动力对高效就业造成了阻力。市场提供的岗位需求不能满足劳动力人口的需求，因而使就业处于饱和状态。逐年攀升的高校毕业生数量，更是让就业趋势面临着严峻的挑战，因此说"毕业即失业"这句话不为过。其次，就业结构不合理。比如，经济结构转型、社会生产技术的提高等多方面原因，加大了就业的困难程度。最后，失业人员再就业成功概率偏低。我国是一个经济发展不平衡的国家，这种不平衡表现在区域与产业以及行业等方面。

三、针对就业处于优先发展地位应采取的措施

有效解决我国当前就业问题是刻不容缓的大事，将就业摆在我国社会经济发展政策的优先地位是具有前瞻性与必须性的重要决定。因此，国家、政府和个人需要共同努力与积极配合，寻求高效应对就业难题的政策与措施。

（一）从国家层面上看，国家要采取积极的就业政策。一方面，逐渐规范就业市场机制，打造良好的就业环境。可以建立完善的就业服务体系，如可以针对就业者开展定期的职业指导，同时拓宽就业信息渠道，使就业信息的流动更为广泛。另一方面，要不断完善劳动力市场，做好人才储备工作。随着现代经济技术的飞速发展，在激烈的市场竞争中更加需要人才。因此，国家应该重视人才的培养与储备，并为他们提供可供发挥价值的空间。此外，还要建立健全就业和社会保障制度，如积极探索互联网＋就业创业工作新模式、加快构建覆盖城乡居民的社会保障体系等。

（二）从政府层面上看，政府要大力支持中小企业的发展，同时还要鼓励并引导自主创业。中小企业尤其是服务类的企业，可以为市场提供更多的岗位需求，在一定程度上缓解了社会的就业压力。让更多的劳动者走上了工作岗位，同时也促进了企业的发展与运营。对于自主创业的劳动者，政府可以提供一定的资金与技术支持。例如，政府可以和银行等金融机构沟通，不断加大创业担保贷款的扶持力度，以及对进驻创业园区的创业者提供一定程度上的税费减免等[1]。

---

[1] 张婧. 情商左右你的职业生涯 [M]. 北京：朝华出版社，2010.

（三）从个人层面上看，首先劳动者要不断学习，提高自身就业能力和劳动素养。要着眼于现实，不要眼高手低。同时还要树立多种健康的就业观念，所谓"三百六十行，行行出状元"，只要脚踏实地，认真勤奋，都会成就一番事业，从而实现个人价值。

（四）从社会层面上看，社会要为广大就业者提供一个平等的和谐健康的就业氛围。要端正对就业者的态度，不要搞性别歧视。虽然女性和男性相比，在劳动力方面女性普遍处于相对劣势状态，但是也应该看到女性就业者的优点与特质。应该以考察就业者的工作能力和自身素养为主，从而有助于增强就业者的工作自信。

优先发展就业，我们还有很长的路要走，还有很多的现实问题要解决。我国当前面临着严峻的就业形势，需要各方面的积极努力与配合，既要实现劳动力输出的战略，也要增大劳动力内需，从而实现充分就业。政府要把就业放在优先地位，积极培养人才，增强就业者的劳动能力与就业水平，这样才能有效解决中国就业难问题，也是我国早日实现中华民族伟大复兴"中国梦"的关键所在。

第五节　知识经济与就业方式多元化

知识经济是以知识尤其是科技知识为基础的经济，是与工业经济、农业经济相对应的一个概念。"知识改变命运、知识创造未来"，如今正处在知识爆炸的时代，知识的更新、技术的改进使经济的发展异常迅猛，从而导致一些人面临失业，但同时也会给人们发展自我、开拓未来创造很多就业机会，因此，知识经济与就业方式之间的关系就变得更加复杂，看似矛盾却相依存，既是严峻的挑战却也蕴藏着更好的生存与发展机遇。本节从知识经济与就业方式的关系出发，探讨在知识经济下，如何实现就业方式的多元化，进而促进社会稳定与和谐发展。

一、知识经济与就业方式的关系

随着知识经济的快速发展，对劳动者的就业影响会越来越明显。一方面,知识与科技的创新和进步会使许多传统的技术因落后而被取代。从就业角度来看,知识经济与科技的发展必然会造成劳动力需求下降从而导致就业人员失业。另一方面,新技术、新工艺的出现对企业的壮大发展又是一个新的机遇,同时又能够对劳动者提供更多的就业机会。可见,知识、科技对劳动者就业既有消极的影响,又有积极的作用。

(一) 知识经济对就业方式的消极影响

知识经济的快速发展正以迅雷不及掩耳之势影响着各行各业,这使得落后的生产方式被先进的生产方式取代,人工制造逐渐被智能制造取代。以智能制造为主导的第四次工业革命的到来,使"智能工厂""智能生产""智能物流"等全方位智能化的产业渐渐成为主流,工厂利用各种现代化的技术,实现生产、办公、管理的自动化。"智能化"将取代落后的技术,它的出现意味着需要的劳动力会越来越少,即使劳动者的原有技术和综合素质较高也有可能被淘汰。在知识经济大发展的背景下,现代企业的管理与科学技术之间的联系更加紧密,企业的管理方式将不断进行改革与创新,主动调动企业的生产力,将各种生产要素有机结合起来,从而实现整个企业的生产和管理模式的合理配置,这样一来,对劳动力的需求量大大减少,对劳动者的技能、技术、综合素质等要求的门槛和标准却是越来越高。科技的发展,知识的更新,对于企业而言无疑是一个新的发展机遇,而对于劳动者来说却面临更大的挑战,甚至会面临失业,这就会对劳动者产生较大的就业压力。

(二) 知识经济对就业方式产生的积极作用

知识经济的发展可以说是日新月异,企业必须与时俱进、不断创新,才能跟上不断发展的社会脚步,才能在竞争激烈的经济社会中立于不败之地,与之相对应,就业方式会出现新的变化。

第一,劳动力的知识结构和技术水平会发生变化。计算机网络技术与通信技术对知识经济的快速发展起了极大的促进作用,此技术的创新与发展给就业方式带来了新的变化,给传统的就业形式带来了新的挑战。这就要求劳动者必须努力学习,不断进取,牢固掌握相关知识与技能,才能与时俱进,才能在知识突飞猛进的今天,不被快速淘汰。

第二，工作的时间、地点、空间会发生改变①。传统的工厂，其劳动者必须到生产基地、工厂等生产一线上班，办公地点固化。随着科技的进步，人们可以利用科技的产物，可以不分时间、不分地点、随时随地进行办公，上班更智能化、远程化、人性化，不再受时间、地点、空间的约束。

第三，知识经济的大发展，使产业结构、就业结构发生了变化。随着科学技术水平的不断提高，技术含量越高的行业，如信息技术、生物工程技术等领域，需要的体力劳动者会减少；生产技术的智能化会导致第一、第二产业对劳动力的需求下降，较多的劳动力面临失业，第三产业服务业需要的劳动力高于第一、二生产企业的就业人数。不管是哪一领域都需要人们不断进行知识系统的更新，技能上的全面升级。在知识经济快速发展的背景下，科学技术越来越发达。21世纪将是信息革命的世纪，也是生命科学技术的世纪，是新材料、先进制造技术迅速发展和广泛应用的世纪，是人工智能的世纪，所以，21世纪是知识经济飞速发展的世纪，对较低技术的劳动力需求会越来越少，并在各个领域都需要综合应用型人才，除满足于专业知识、专业技能需要以外，对这类人才的职业道德、思想品德等综合素质的要求也会越来越严格。

二、在知识经济条件下实现就业方式的多元化

科学技术的进步、知识经济的发展，对就业产生了巨大的影响。社会经济的发展离不开科学技术的进步，同时也离不开劳动者的勤奋努力。知识经济的发展，导致了就业方式的改变，原有的知识结构与技能技巧已经不再适应新经济的需要。知识经济的兴起，将会引起世界经济格局的重大调整，引起人类社会生产方式和生产关系的重大变革，并由此引发人们就业方式与就业结构的改变。

（一）加强学习，提高综合素质

现代社会科学技术不断更新发展，企业员工为跟上时代脚步，不被社会淘汰，必须与时俱进，必须具有紧迫意识和创新思维，必须加强学习，不

---

① 汪莉. 职业生涯规划与管理 [M]. 北京：华侨出版社，2008.

断进行知识的积累，要有"活到老，学到老"的精神，要明白知识储备越多，越能顺应时代的发展。在熟练掌握技术的过程中，还要不断创新。在知识经济时代下，传统的思想观念会被抨击，因此，劳动者的思想观念必须有所转变，要树立资源共享、合作共赢、质量至上、讲究效率、爱岗敬业等正确的思想观念。企业应该加大投入力度，对员工定期进行新知识新技术的培训，让员工知识与技术不断提升，适应能力不断加强。进而促进员工的发散思维，为企业的创新发展储备更多的竞争实力。

(二) 党和国家高度重视，就业渠道更加多元化

在知识经济大发展的时代，缓解就业压力，拓宽就业渠道，离不开党和国家的支持与重视。党的十九大报告中指出："就业是最大的民生。要坚持就业优先战略和积极就业政策，实现更高质量和更充分就业。大规模开展职业技能培训，注重解决结构性就业矛盾，鼓励创业带动就业。"可见党和国家对就业问题的高度重视。实际工作中，可重点扶持和培育新兴产业、现代服务业、现代信息技术产业等，努力创造更多的就业岗位，劳动者可以灵活多样地选择部门和岗位就业，如公有制部门、私营企业、全日制工作岗位、部分工作时间的岗位、在家远程工作或者兼职工作、种植业、养殖业、旅游业、自主经营、自主创业、从事生产性工作、从事社区乃至家庭的服务工作，等等，选择各种正式和非正式的就业形式，一改过去就业渠道过于单一的常态，使就业方式变得多样化。另外，大力培育和支持中小企业的发展，鼓励人们自主创业，或者发展自由职业，为劳动者提供更多的就业岗位，也是解决就业问题的有效途径。

三、经济发展、就业渠道多元化可促进社会和谐发展

就业问题关系到千万家庭的切身利益，而且关系到社会的和谐稳定与持续发展。中国人口众多，底子较薄，人均收入较低，生产力的发展不平衡。只有发展"科学技术"这个第一生产力，才能科技兴国、科技强国。在发展高科技产业这一领域中，计算机通信、生物工程技术、新材料、人工智能等科技产业不断兴起，而这些高科技产业对体力劳动者的需求必然减少，对拥有较高技术水平的专业人员的需求会不断增加，必须实施科教兴国、人

才强国的方针政策，让劳动者在就业的过程中做好知识的学习与贮备，技术的熟练与创新，不断提高自身的综合素质，不断累积新知识、新技术来满足自身就业的需要。总之，只有让人们能做事、有事做、做好事、安居乐业、有稳定收入，国家才能安定，社会才能和谐，民族才能兴旺，中国才能从一个经济大国转变为一个经济强国。

第二章　现代经济发展对就业的影响

第一节　经济增长对就业的影响

国家经济的发展会很大程度影响其国内就业水平，而就业水平的高低也会影响这一个国家的经济发展，二者是相互影响、相互促进的。但是现代中国面临了一个很严峻的问题，就是经济水平与就业增长水平不同步，这会造成很多问题，本节就是针对经济增长与就业增长问题展开深入探讨。

我国处于社会主义初级阶段，目前的市场经济正在面临新的一轮改革调整，在这一过程中怎么充分保障就业状况是实现构建和谐社会的一大前提条件。现代就业水平增长缓慢有两大原因：一方面，是还没有一个完善的劳动力市场去给就业者提供就业岗位，使很多有能力工作并且想工作的人没有合适的就业岗位而非自愿失业；另一方面，是社会通过政策调控和福利救济所能提供的就业岗位有限，作用机制还未完全成熟，造成了僧多粥少的局面，仍然难以彻底解决各种贫困问题。从经济学角度出发，如果能够在不断完善劳动力市场构建的前提下，采取有效的政策支持，二者结合去解决需求不足的问题，将会比单独分开进行更加具有效果和实际意义。

一、经济增长与就业之间的关系

（一）就业与经济增长的定义

国际劳工组织赋予的就业定义为，在法定年龄中，有能力且有愿望进行劳动并依法从事社会经营活动来获取报酬的行为。就业的概念拥有含义如下：首先，劳动者必须是拥有劳动意愿并且有能力从事劳动的；其次，劳动者参与的劳动必须是社会经济类的劳动而非家庭劳动；最后，劳动者的劳动必须有相应的劳动收入和报酬，不能是义务劳动或者无偿公益劳动。经济增长通常是指一个国家的总体产出以及人均收入的水平,在跨度比较长的时间上的持续增长;狭义方面可以指一个国家 GDP 的增长。经济增长属于宏观经济调控的范畴,是对一个国家阶段性发展状况的评估标准和标志。经济增长应当遵循三条原则,即能否有益于长期的经济增长的持续性和协调性;能否提高投入产出比、提高生产效益;能否优化经济结构、提高社会福利和社会就业需求。

(二) 经济增长与就业之间的关系

经济增长与就业的状况有着密不可分的关系,两者总是相互影响、相互促进,其关系早已成为备受社会关注的热门问题。很多经济学家们都认为就业与经济增长在宏观方向上看具有一致性,国家的经济增长很大程度直接影响了一个国家的就业水平。经济的发展是社会稳定的一个重要条件,保证国家经济稳定的增长对于国家发展是十分重要的。要保证经济的稳定增长需要合理的收入分配,科学的资源配置。为此,国家进行了宏观的管控,出台了很多的财政政策。例如,调整税收、再分配城乡收入,通过支出的手段提供就业的机会,努力将生产资料结合劳动人民的诉求,缩小收入差距,提高劳动力的就业积极性。经济增长对于就业结构存在影响,一是对于劳动力的流动性的影响,二是经济结构会决定产业结构进而决定就业结构。可以看出,经济增长对于就业的影响是非常巨大的,只有正确分析经济增长与劳动力供求关系,才能更好地将就业与经济增长相匹配,实现共同增长。

(三) 经济增长对就业产生的效应

从微观角度看,劳动力是企业为了生产运营等提供的服务,是企业维持生存和发展的关键,企业的生产力水平决定了企业所需求劳动力的水平,所以微观方面劳动力是企业必需的因素;从宏观角度看,为社会生产投入劳动力能够维持社会经济的稳定发展和经济增长,对劳动力的需求是维持经济增长的前提条件[①]。在现代业界普遍达成一个共识,那就是劳动力是经济发展的重要因素,而经济增长也会改善劳动力就业问题,二者相辅相成。同

---

① 苏墨. 我的职业生涯我做主 [M]. 北京: 京华出版社, 2004.

时，劳动力就业率增加，劳动人群的收入就会提高，整体社会消费能力就会提升，就会促进社会产品的流通，从而使得企业需要更多的劳动力去生产产品，拥有更多的就业岗位与机会，形成一个良性循环，促进社会经济的发展。最经典的索洛模型非常直观分析出了影响劳动力增长的三个因素，那就是经济增长、资本增长和技术进步，这也是分析和研究劳动力需求的三个因素。

二、新形势下我国经济增长影响就业的主要问题

（一）我国的劳动力市场不健全

劳动力市场对于我国就业增长发挥着至关重要的作用，但是由于我国劳动力市场之前面临转型，逐渐从计划经济市场转变为市场经济市场，所以对于劳动力市场的很多方面仍然没有完善的体系，存在很多不足之处。比如，劳动力无法得到合理的匹配，造成了我国现在经济增长速度和就业增长速度不匹配的现象。计划经济残留下的制度对现代市场经济优先合理配置劳动力资源造成了很多阻碍，在计划经济体制下的资源分配是优先考虑城镇资源配置，很大程度削减了农村劳动力的积极性，也影响了城乡人员的流动性，拉大了城乡经济差距。在改革开放之后，劳动人口的流动性政策逐渐完善，并减少了城镇落户条件，从而促进了人口流动和就业的增长。但是现代劳动力市场的构建仍然不完善，对于劳动力的合理分配和就业保障仍然存在着很多的问题，从而影响了劳动人员的就业主动性和积极性，导致劳动力与资源不匹配，分配不合理不科学。

（二）产业结构不合理

由于国家在发展、社会在进步，我国的产业结构随着经济的发展也在不断改变，第一、第二、第三产业所占的比例相对新中国成立初期已经发生了天翻地覆的变化，从最初的农业大国，第一产业占比30%，第三产业占比微乎其微的状况，到今天不断发展服务业和建设工业强国，第一产业占比已经下降到10%，第二产业处于40%左右，而第三产业飞升到50%以上，国家的支柱产业已经发生了根本性的变化，对于人才的需求也不再是单一对于

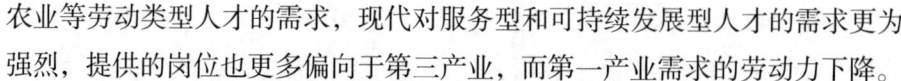

农业等劳动类型人才的需求，现代对服务型和可持续发展型人才的需求更为强烈，提供的岗位也更多偏向于第三产业，而第一产业需求的劳动力下降。

三、新形势下提高就业率的有效措施

（一）提高劳动人口素质

城市中有大量的劳动力来自农村，他们从农村来到城市，过去在农村所具备的技能往往无法满足城市服务行业的需求，使他们在城市的工作中无所适从，所以需要提高这些劳动人口的素质，对他们的技能进行改造。并且积极地为素质低下的劳动力解决就业问题，避免失业导致人民不幸福而埋下社会不安的种子。我国当前正处在向新兴技术性国家转型的时期，青年是劳动力的中坚力量，他们素质的提升是我国劳动力能力提升的关键一步，他们素质的培养也是国家转型的重要任务之一。无论学校、企业，还是科研机构，都要在培养青年人这一方面进一步加强，让青年人有更多机会接触到领域内的最新成果，充分发挥青年人的主观能动性，鼓励青年人在行业内做出杰出贡献，为国家的发展出力。

（二）调整产业结构

第三产业是我国经济增长的动力，但是我国国家的根本依旧是第二产业。我国是农业大国，这几十年来都在向工业大国转型，但是这之间仍然有很长的过程需要经历，这个过程，必须在国家和政府的正确引导下才能走得顺畅。但就目前而言，发展第三产业能够创造更多工作岗位，缓解部分就业压力，所以，为了促进第三产业的发展，政府可以采取减免税收或财政补贴的方法。第三产业的发展可以促进就业，巩固社会稳定，并为国家创造财政税收。同时，就业市场的规章制度应该进一步完善，设立有关机构对市场进行监管，加强市场的公平公正，让相关机构在当地经济增长上有所作为。

（三）政府要扮演领头羊的角色

我国的经济和就业处在稳健增长的状态，但是其中仍然存在一些问题，这些问题需要以政府为主导，帮助各个企业和行业在转型的道路中顺利前

行。我国的就业增长的发展空间与企业和行业的转型息息相关,只有企业、行业转型成功,我国的就业率才能健康稳健的增长。所以,构建完善的劳动力市场是政府解决就业问题的当务之急。通过完善的劳动力市场的调节,将企业的各项标准规范化、平等化,缩小城乡劳动力人口在企业就业中的差异,使得就业更看重工作的能力而不是看中城镇还是农村出身,使得劳动人员能够自由自主选择适合自身能力的岗位,尽快达到公平竞争的目标,使劳动力流动更加科学合理。为了尽快达成"万众创新"的口号,政府还应该完善相关的政策支持,修改补全相关条例,扩大对于劳动人员的就业补贴范围,调整补贴标准,增强补贴力度,用真实的行动和充足的资金显示出政府支持扶持就业创业的态度和决心。

(四)建立体系完善且先进的人力资源市场

当劳动力进入人才市场后,需要经过一段时间才能找到工作,这段时间越长,人力资源市场的工作效率就越低。为了提高人才资源市场的工作效率,必须缩短这段时间,建立完善先进的人力资源市场体系。我国处在经济结构转型阶段,在这期间会存在人力资源市场供求不平衡的情况,所以相关机构要不断加强和完善市场的预警机制,使就业市场上的压力得以减轻。

(五)促进经济发展持续增长

尽管同样是就业,有的人在就业后会长期处在岗位上,但是部分人在就业后很快又会离职,所以就业可以分为有效就业和无效就业。我们所期待的就业是有效就业。在一定时间内,劳动力的数量不会发生太大的变化,只有提高有效就业,降低无效就业,才能促进社会的稳定、经济的发展。现在有很多用人单位在应聘者应聘时设置门槛,诸如年龄、性别。还有一些用人单位在员工的户籍上有所偏好,即户籍歧视。有的用人单位会偏向于使用外地的员工,为了减少用工的人数,单位为员工提供住宿以实现随时加班。同时,有部分用人单位偏向于使用本地的员工,一方面,本地员工辞职风险低,另一方面,可以不提供住宿,减少成本。目前就业市场等待就业人员大于岗位数量,所以用人单位出现了就业歧视的情况,需要相关机构出台有关政策来减少这类不良现象。

第二节 产业结构对就业的影响

一、调整产业结构对就业的影响

(一) 产业结构和就业结构的变动

三大产业结构分别是第一、二、三产业,第一产业是以自然物为对象的产业,包括林业、农业、畜牧业、水产养殖业等;第二产业是在自然物的基础上对其进行加工处理并销售的产业,除此之外的产业即为第三产业,范围非常广泛,主要是服务业和高科技产业:餐饮、交通运输、金融、保险、行政服务等一些非物质生产部门。三大产业在我国 GDP 中所占的比重也发生了变化,由最开始依靠第一产业、第二产业,逐渐向依靠第三产业拉动经济增长的趋势发展。就业结构也呈现出和三大产业相同的变化趋势,目前第一产业和第二产业的就业人数基本持平,分别占三大产业就业总人数的 27%,第三产业的就业人数已达到 40% 以上,根据国家政策的走向,第一产业的就业人数会更少,第二产业也会减少,逐渐占领第三产业。

(二) 产业结构角度的就业增长

中国一直是一个农业大国,虽然在经济、技术、科技等方面中国都展现出了势不可挡的增长态势,但中国第一产业目前面临的问题依然严峻。就第一产业的就业人数来说,还是很庞大的数字,农业发展也存在一些问题,如农业产品缺乏多样化,种植农产品的过程不够环保,农药残留严重。第二产业现在人数逐渐与第一产业持平,按照目前的国情和政策,有望远超第一产业。第二产业是在第一产业的基础上进行加工制造,存在的主要问题是作为以工业为主的第二产业,研发投入不足,科技创新缺乏,所以整体的产业水平仍处于全球价值链的底端,生产加工的产品利润低。国家的宗旨是经济向第三产业靠拢,就业向第三产业发展,但相比发达国家平均 65% 的第三产业就业比重,我国第三产业的就业人口亟待增加。第三产业之所以就业不足,跟国内市场有很大关系,在我国第三产业的主力军是餐饮和服务,金融、互联网、高科技占比仍较小,创新严重不足。

二、产业结构建设的政策建议

(一) 调整产业结构,协调就业结构

国家倡导向第三产业倾斜,不代表忽视第一产业和第二产业的发展。第一产业尤其是农业发展是国家的基础,农业首先解决的就是吃饭的问题,在拥有 14 亿人口的大国,合理解决全国人民吃饭的问题也是一项重要工作[①]。现在要解决的问题是调整农业的产业结构,挖掘畜牧业的发展潜力,促进第一产业充分发展。目前中国农村存在的主要问题是年轻人进城打工,家里剩下的多数是老人,年轻人出去的很大原因在于在农村只依靠那几亩地根本不足以实现对美好生活的追求,所以国家和政府要针对此现象,调整农业产业结构。指派农业专家,考察当地的农业布局,指导农民种植或开发本地优势的作物,鼓励年轻人回家乡二次创业,承包土地开发度假村,建立生态园,对土地实施承包化管理。对于畜牧业可以加大技术指导,增加牲畜养殖的机械化,增加农民收入。

第二产业以工业为主,工业反哺农业的发展阶段已经过去,中国的重工业亟待改革,环境污染严重,机械化程度越来越高,工人的需求量减少,对工人的质量要求更高。以零部件的生产为例,德国等欧洲国家可以把一个小螺丝精细加工到无可挑剔,中国现在做不到这样的精细,所以提高工人技术水平和创新能力是第二产业的重点。第三产业侧重于拓展金融、互联网及高科技产业。我国一直推崇"人才强国"战略,高科技人才是每个国家竞争力的体现,要为高科技人才创造更好的环境搞研究、搞创新。

(二) 优化产业结构布局,促进区域协调就业

我国领土面积广大,各区域发展不平衡是当前的现状。东部沿海地区经济发展速度快,就业机会多、条件好、环境好,第二和第三产业居多。中部和西部发展相对落后,中部崛起的战略促进了中部经济的发展,产业结构也有所调整。尽管西部支援工作持续不断,但就业人员在选择就业时

---

① 胡桂华,武洁. 人口普查质量评估理论与实践[M]. 北京:中国社会科学出版社,2016:9-10.

仍不愿意选择西部。原因是西部主要是第一和第二产业,第三产业的互联网企业、高科技企业偏少,薪资待遇、医疗条件、生活环境各方面都不能充分满足就业者的需求。因此,促进区域协调就业迫在眉睫。

(三)提高就业者综合素质

我国劳动者数量巨大,21世纪初的廉价劳动力不再大面积出现在中国范围,中国的劳动力终于价值提高了。价值提高,相应的劳动力素质也要提高,面向国际市场才能理直气壮。在目前的状态下,企业的就职培训、在岗培训必须到位,高等院校、职业技校在培养学生时要更注重学生的专业技能,为其在就业大军中平等就业创造机会。鼓励劳动者自主创业,顺应国家趋势,响应国家号召。国家对自主创业、科技创业都有税收、贷款、补贴各方面的资助,创业者更应该抓住这些机会实现就业。

综上所述,产业结构的调整对我国的就业会产生深远的影响,为此,在全面分析产业结构对就业所产生影响的基础上,提出了有效的解决措施,希望为推进我国的就业工作顺利进行提供一定的参考与借鉴。

第三节 技术进步对就业的影响

技术进步对于就业的影响主要体现在就业结构与就业规模这两个方面。虽然我国的技术水平近几年在不断地加速进步中,但是在就业层面上,不同类型、不同路线的技术进步对就业层面的影响不同,程度也不同。通过分析技术进步的经济功能,从而来分析技术进步对我国劳动力就业空间上的挤出效应、替代作用的挤出效应、劳动者素质相对于技术进步的速度较落后而产生的挤出效应以及拉动效应。

一、技术进步的含义

技术进步是技术不断发展、完善和新技术不断代替旧技术的过程,主要包括了四个部分:

(1)科学、技术、生产紧密结合,使科学技术、经济、社会协调发展。

(2)不断采用新技术、新工艺、新设备、新材料,用先进的科学技术改造原有的生产技术和生产手段,设计和制造生产效率更高的新工具和新产品。

(3)全面提高劳动者的道德素质和文化技术素质,不断开发人的智力,营造出人才辈出、人尽其才的良好环境。

(4)综合运用现代科技成果和手段,提高管理水平,合理组织生产力诸要素,实现国民经济结构和企业生产技术结构合理化。

二、不同技术进步路线对就业影响的比较分析

生产力增长关键因素之一就是技术进步,然而在不同环境下我们所选择的技术进步路线类型将直接对就业产生不同的效应。在我国当前的就业形势下,不同的技术进步路线对就业产生的效应是促进技术进步政策选择的一个重要依据。

(一)技术进步路线的划分

技术进步路线根据不同标准可划分为多种类型,本节以技术进步经费投入及应用对象为划分依据将技术进步路线划分为三类:教育导向型技术进步路线、科学导向型技术进步路线、技术导向型技术进步路线。教育导向型技术进步是指通过提高国民教育、培训经费等方式来达到提高全民素质和科学文化水平的目的从而促进技术进步;科学导向型技术进步是由政府增加科学研究经费引起的技术进步;技术导向型技术进步是由于企业在生产技术方面的改进和新产品研发方面进行经费投入导致的技术进步。

(二)技术进步路线对就业效应的影响

1. 教育导向型技术进步路线

教育导向型技术进步路线通过增加教育投入和对就业人员进行相关培训,来提高劳动者的基本素养,使劳动者进入相关行业的难度降低,并且能够尽快适应岗位的技能变化需求,这样就能相应减少结构性失业。教育导向型技术进步还对就业产生了一定的拉动效应,在提高劳动者素质促进发展力的同时,通过提高劳动者收入水平增加了社会的消费需求,致使市场需

求增大，从而增加了企业对劳动力的需求。

2. 科学导向型技术进步路线

科学导向型技术进步路线是政府针对科研项目增加经费投入，定向培养专业科技人才，发展新型科技技术。开拓新型科技技术便是开辟了新市场，新市场的诞生增加了整体市场对劳动力的需求。发展科技事业也是为欠发达地区拉动劳动力需求，增加就业岗位数量，直接推动高新技术产业发展引发的就业效应。

3. 技术导向型技术进步路线

前两种技术进步路线对就业的效应影响总体看来是具有直接或间接的拉动效应，而技术导向型技术进步路线对我国就业增长具有的挤出效应更明显。企业革新技术对原有技术产生一定的冲击，甚至在技术革新后部分科技代替人工岗位，劳动者无法从事新型科技岗位，从而减少了对劳动者的需求量。技术导向型技术进步所带来的就业创造作用与就业破坏作用相比强度弱，在短期内劳动力替代效应比较明显，所以技术导向型技术进步路线所带来的影响挤出效应更为明显。当然，短期内的挤出效应并不能依此判断技术创新就不是明智之举，为此就放弃了技术导向型技术进步路线是不理智的①。从长远来看，技术革新增加了企业的效益，拉动了全国各地经济水平，提高国民消费水平拉动内需，是中长期实现就业持续增长的根本。

三、技术进步对就业规模和就业结构的不同影响

技术进步对就业的影响主要体现在就业量与就业结构两方面。用数量来衡量就业规模时，需要考虑的是科技这一重要生产因素对劳动力需求同时存在的挤出效应和拉动效应，而科技进步对劳动力规模的总效应就取决于这两个效应的相互抵消作用后的结果。当挤出效应大于拉动效应，则劳动力需求减少，规模下降。当劳动力的拉动效应大于挤出效应，则劳动力规模增长。从就业结构来说，这一影响不仅涉及不同产业结构的人员比重，也涉及各个产业之间的转移流通过程，总的来说，会使得各个产业之间的劳动力流动向更加分散和不规则方向发展。

---

① 刘海春. 高校辅导员职业生涯发展教程 [M]. 北京：人民教育出版社，2009.

（一）技术进步对就业规模的不同影响

1. 挤出效应

在国外相关研究中，不同的学者通过不同类型的分析提出了不同的研究结果，Aghion 和 Howitt 的研究表明技术进步将导致失业率的上升，对劳动力市场存在着破坏力量。

(1)劳动力替代。伴随着科技进步和人工智能的发展，大部分体力劳动及部分智力劳动可以转化为既定的程序和编码由机械代劳，机械的准确性和规范性能够保证劳动效率，可以同等替代劳动力甚至提高劳动效率，从而实现劳动机械化、自动化、信息化。张军认为技术进步使企业资本密集程度迅速提高，将会排斥大量多余人员，导致失业可能性增大。在这样对现有劳动力不利的情况下，劳动力时间支出减少，劳动量降低。

(2)劳动力要求变化。科技的进步特别是劳动节约型和资本节约型的科技进步，促进了劳动工具的再发展，带来了更高的劳动素质和技能要求，同等职位的知识结构和技术要求大幅度或者小幅度的提高，带来现存职业的淘汰或者降级。劳动力要求的变化可能会产生以下两个影响，一个是带来一段时间的劳动力适应期：在这段时间，劳动者需要根据市场的变化或多或少地改变自己的劳动能力或者学习新的劳动技巧，这将花费一定的时间；另一个是直接带来结构性失业：将现有劳动力的资格提高从而剔除掉一部分低技能劳动者，导致劳动力总量的降低。

(3)职位迁移变化。由于科技进步带来的劳动力效率的提高，被淘汰的一部分劳动力只能由劳动效率高的职位主动或被动迁移到劳动效率低的部门，从而带来人员的流动率大大增加，在这个流动的过程中可能会涉及劳动力的减少。

(4)产品生命周期变化。在科技进步的压力下，市场的更新换代不断地发生，促进着创新的发展，产品的生命周期将会缩短以适应快速变化的市场，与此同时利润周期也会缩短。这对企业是一个巨大的挑战，在这个过程中如若处理不当便会导致公司效益下降，能提供的岗位减少从而造成大量的失业。在这样的情况下，失业者再就业的速度也会放慢，最终带来的是稳定的高失业率。

2. 拉动效应

(1)职位总量变化。科技带来的不仅是新的产品与新的技术，与之而来的也伴随着新的职业、新的需求，如机械护理、程序测试等高新产业。每一个创新都是一个既破又立的过程，有旧的职业消失就会有新的职业出现。新的产业和同一产业的新职位，更多的岗位也带来了更多的劳动力需求，同时企业扩大规模增加劳动力就业机会，带来劳动力需求的增长。

(2)市场需求扩大。诺贝尔经济学奖获得者 C.A.Pissarides 教授在浙大百年校庆时所做的《机器人与人工智能时代的就业问题》讲座中提到过一些新兴产业的新发展带来的新市场，科技的创新不仅开发了更深层次的红海市场，也会带来全新的蓝海市场。科技的进步会将以前看似不可能的想象力转变为现实，给用户带来全新的体验。据统计，目前世界各国运用现代科学技术生产的原材料有 25 万多种，平均每年增长 5%，满足和创新的市场需求是技术进步的动力，也是结果。扩大的市场需求引发相应的新一轮规模性的产业增长，为劳动力市场带来新的需求。

(3)价格降低。从价格—需求曲线来看，伴随着价格的降低，需求呈上升状态。随着科技进步，科技这一生产要素大发展将推动生产力的高速发展，更低价格的原材料，更高的劳动效率，更低价格的生产成本，结果必将出现更低价格的产品，而产品的低价格会带动市场的需求，更高的消费需求作用在劳动力市场上时，便带来了更多的劳动力需求。

(二)技术进步对就业结构的不同影响

从当前数据来看，三大产业中第三产业处于繁荣状态，生产总值呈上升趋势，技术发展主要推动了第三产业的发展，就业量的增长也是以第三产业为主，并且第三产业对劳动力的素质要求也较高，促使着劳动力质和量的同时发展。

结构方面，在现有经济时代，各国劳动力产业间转移普遍存在配第—克拉克命题，即劳动力从第一产业转移到第二产业，第二产业有了一定发展后，劳动力从第一产业、第二产业转移到第三产业。然而在技术进步的条件下，情况将会不同，劳动力的阶段性增强，且向产业链的前端和末端延伸，产业间的劳动力转移将会受到技术技能的过滤。例如高技术含量职业如工程开发、编码、创新等职业的劳动力无法被来自农业的劳动力替代，从而产业间的转移会呈现出多向性和分散性。

科学技术的发展对劳动力的影响是非常大的，技术进步不仅提高了劳动力的生产率，还提高了生产要素的综合使用率。电子技术、计算机、通信技术的迅猛发展，大大提高了生产线的生产效率，使厂房互相间联系更加紧密，失误率也大大降低，提高了产品质量。同时，现代管理将运筹学、管理学、应用系统等结合起来，计算出最佳的投入组合，来达到最理想的产出，从而提高了生产要素的使用率。

而在就业方面，随着经济增长，技术不断进步，产业结构不断调整，为了企业的可持续发展更多企业选择技术导向型技术进步路线作为主要发展路线，如此一来，结构性失业问题将日益明显，对此我们可采取教育导向型技术进步路线和技术导向型技术进步路线并行政策，加大对劳动者的发展教育，使更多劳动者具备应用新型技术的能力，顺应时代发展，让劳动者获取就业岗位的机会增加。

我们建议要根据不同情况灵活选择合理的技术进步路线，在技术不断进步的情况下，要利用好技术带来的优势，然而如若出现结构性失业明显的情况，就要利用好教育导向的路线。鼓励企业自主创新，革新技术，扩大生产规模，增加劳动岗位，减少技术革新对劳动力带来的替代效应，强化技术进步，带来第二次就业机会。

第四节　创新理念对促进经济发展与就业的影响

一、深刻认识创新理念对促进经济发展的现实意义

创新是指企业家将"生产要素和生产条件的一种从未有过的新'组合'，引入生产系统"，以获得"超额利润"的过程。这在当时引起西方经济学界的轰动。经过一百多年的发展，"创新"一词的内涵更加丰富，外延更加广泛。如今，创新理念通常是指企业或个人打破常规，突破现状，敢为人先，敢于挑战未来，谋求新境界的思维定式，成为引领经济发展的第一动力。

创新的前提是对现状的不满足，同时，创新是对市场经济规律和本行

业发展前景正确地把握。目前，在县域地方经济发展过程中，普遍存在产品老化、动力不足和技术落后等问题，如河北省沧州市盐山县的纺织、铸造等传统产业都具有 30 多年的发展历程，但这些企业的管理模式、生产方式以及经营套路等基本没有什么变化，缺乏市场竞争力，处于维持现状的状态，有的是艰难运营，制约了地方经济的发展。

坚持和践行创新发展理念，各级政府及职能部门必须全面解放思想，打破陈旧的思维方式和传统观念，催生新理念、新思维，推动建立新机制，使人们敢想、敢干、敢闯，推进社会整体创新，为经济发展增添新动力和新活力。特别是人力资源和社会保障、土地管理等政府职能部门，充分发挥职能作用，努力培育发展新动力、优化劳动力、土地资源和技术管理等要素配置，激发创新创业活力，推动新技术、新产业、新业态的蓬勃发展[1]。

企业树立创新理念，实质就是要解决产品老化、发展动力不足等问题。地方企业要认真研究新形势下市场规律，打破陈旧的习惯性思维，创新发展思路和管理机制，重新组合生产要素，大力培育新动力、转换老动力。同时，要积极拓展发展新空间，加快发展高端产业、科技产业以及节能环保产业等，切实提高生产经营效益。

二、实现创新发展对经济和就业的积极影响

对于经济发展和劳动力就业而言，创新发展既是引领经济持续健康发展的动力，也是促进就业和改善民生的良策。

（一）有助于提高社会要素生产力

目前，国家大力支持节能环保、生物技术、智能制造和新能源等新兴产业的发展，支持传统产业优化升级，是对地方企业创新发展的明确指导和有力支持。这些政策有着凝聚科学发展共识，推动形成创新机制，使加快产业转型升级和实施科技创新驱动，成为经济新常态的重要特征和基本趋势，不断提高各行各业的技术水平和管理水平，这是产业经济政策和管理制度创新的实质性内容。

---

[1] 姚裕军，张再生. 职业生涯与管理[M]. 长沙：湖南师范大学出版社，2007.

(二) 有助于增加对劳动力市场需求

实行创新发展，加快转变经济发展方式和产业结构转型升级，使传统产业结构加速分化和有效裂变，不断催生新行业和新兴产业，改善企业产品服务体系，为经济和企业发展拓展市场空间，包括各类企业增加对劳动用工的刚性需求，创造更多的就业机会。经济发展表明，真实的、可持续的就业机会来自持续不断的产业创新，并以创新发展的理念改进劳动力市场匹配，提升人力资源配置效率，不仅满足企业用人需求，而且提高就业率。

(三) 有助于改善企业人力资源结构

从企业人力资源结构看，实现创新发展和生产经营转型，必将推动企业改善人才结构和职工管理制度，节约企业的资源能源和人力资源成本，有效释放市场内在潜力，增强企业的竞争力。同时，创新发展的理念对职工技能素质提出新的要求，加强劳动者职业教育和技能培训，优化劳动力供给，改善人力资源结构，更好地适应创新发展对职工综合素质的要求。

(四) 有助于推动灵活就业和自主创业

在产业创新的基础上，加强对灵活就业和新就业形态的支持，可以促进劳动者自主就业和自主创业，增加更多的就业机会。特别是基于互联网技术以及先进的组织人力资源管理水平，推进以更小的时间单位和更小的工作任务模块为基础的就业，可以极大地降低企业的人工成本和优化劳动力资源的配置，促进生产经营提高效益。

三、实现创新发展当前需要解决的关键问题

现在社会发展日新月异，经常会出现以前没有见过的现象，经济领域也出现新的行业和产业，随之人们的需求也在不断发生变化。对此，我们必须有新的认识和新的思想准备。特别是在中国经济发展的新常态下，推动创新发展和实现工业经济的绿色转型，需要我们深入调查研究，切实解决好以下三个问题：

第一，要有创新发展的社会共识，形成有效的创新氛围。创新是社会进

步的灵魂。从理论上看，人们普遍认识到创新发展的重要性，但在现实中，创新发展的动力仍然不足，缺乏创新思维和创新举措。特别是在中国经济发展进入新常态，迫切要求将经济发展动力从要素驱动切换到创新驱动上来。因此，我们要加大宣传力度，广泛深入地宣传创新发展理念，提高人们对社会发展资源的认识，使创新发展成为社会共识，切实把创新发展理念落实在行动上。

第二，要重点提高企业家的思想认识，培养创新能力。按照熊彼特提出的理论，创新的主体是企业家。那么，在经济发展进入新的历史阶段，我们对企业家的评价，不仅只是会经营或懂管理，而是看其是否有创新能力。因此，现代企业家要加强学习和培训，全面提高职业素质和创新能力。

第三，改善市场发展环境，增强企业自主创新能力。在中国社会主义市场经济条件下，要妥善处理好市场机制决定和企业自主创新的关系。企业是创新的主体，其自主创新具有很多外部经济性的活动，仅靠市场很难使创新活动处于社会需求的最优水平。因此，政府应发挥积极作用，加快地方创新体系建设，培育创新主体，激活创新资源，转化创新成果，努力营造有利于自主创新的环境，形成对自主创新的有效激励，促进企业自主创新，从而推动经济建设快速发展。

第五节　绿色发展对我国经济与就业问题的影响

《2020年中国人类发展报告：绿色发展，必选之路》中提出：我国应坚持绿色发展之路，重视经济进步和生态环境协调，秉承着以人为本理念主动投入到绿色建设中。绿色发展强调在促进我国经济发展的同时保护环境健康，维持生物多样性，实现可持续战略目标。此外，对于经济发展与就业问题来说，绿色发展与工业绿色经济转型不仅推动社会经济持续发展，还有助于提高人们的生活质量以及就业率，成为国民产业经济政策与管理创新的主要内容。

坚持环境保护与生态修复的绿色发展，坚持可持续、生产发展、环境友好型社会，生成人与自然和谐发展现代化新格局。

一、绿色发展的重要作用

现代绿色发展是基于传统理念下的创新，是创建生态环境容量与资源承载条件下将环境保护列入可持续战略目标重要内容。首先，将环境资源看作社会经济发展要素。其次，将经济、社会、环境的可持续发展用于绿色发展目标。最后，将经济活动过程与结果的绿色化、生态化作为绿色发展的内容与途径。绿色发展国际经济全球化条件下发展趋势，在国外取得了显著成效。绿色发展强调节能降耗、生态修复、环境保护，将其作为社会共享经济发展的成果。

(一) 绿色发展和科学发展观

科学发展观的首要前提是发展，核心为人本理念，要求全面协调可持续，有效方法为统筹兼顾。绿色发展秉承着人本理念改善生态环境，优化民生。绿色发展强调数量的增加，质量的提高。绿色发展把经济、社会、生态结合，达到经济、社会、生态的统一，创建环境友好型、资源节约型社会。绿色发展的根本路径是落实科学发展观，更好地推动社会经济发展。

(二) 绿色发展和可持续发展

可持续发展的提出是以提高人们生活水平、满足后代人需求能力为目标，重视未来发展的经济增长模式，以保护自然资源环境为核心，以激励经济发展为目标，提高人们生活水平。绿色发展理念是以环境资源为目标，将经济、社会、环境发展作为目标，将经济活动过程与结果的绿色化、生态化作为根本内容与方法。

(三) 绿色发展和生态文明

生态文明作为新的文明形态，是人类文明发展的最高形态，是人在改造自然、促进社会发展中实现人与自然、人与人之间、人与社会之间的和谐共融，重视人的自觉和自律，人和自然环境的相互依靠、共处。创建生态文明要坚持绿色发展理念，提高生态文明水平。

二、绿色发展促进社会经济与就业

良好的生态环境是最好的公共产品，是普惠的民生福祉。深入推进"绿色发展、生态优区"，将创新绿色发展体制机制作为深化生态文明体制改革的突破口，持续优化发展空间、节约集约利用资源、提升污染治理能力，把"绿色+"具体化、项目化、产业化，逐步在产业发展的新征程中，标注出一个醒目的绿色坐标。

（一）提高社会全要素生产率

基于社会经济发展角度而言，各地区政府学习先进方法提倡绿色发展与工业绿色经济转型，凝聚科学发展共识，实现产业快速转型，提高产业技术装备与企业管理水平。

（二）保护生态环境

绿色发展促成良性循环经济，实现环境保护、资源节约，提高企业综合实力与职业健康，诠释科学技术是第一生产力的理念。重视人才资源节约，企业遵循节能降耗、降本增效目标，主动融入国际国内经济发展与市场竞争，提高社会形象与社会满意度[①]。

（三）满足人力资源市场需求

根据市场容量分析，工业经济绿色转型与绿色发展使经济发展形式与产业转型发生了变化，经济资源与能源结构实现了优化，传统产业结构多元化发展孕育了很多新的产业、企业产品服务体系，进一步扩大了市场空间，满足了市场需求。

（四）人力资本重组

基于人力资本生产要素分析，绿色发展有助于企业结构重组、人力资源管理、减少人力资本投入，增强企业综合实力。与此同时，对职工专业水

---

① 王泽兵，黄钢成，朱建军.大学生职业生涯规划概论[M].成都：西南财经大学出版社，2011.

平也有了严格要求，要求企业统筹协调、重视劳动者的职业教育和专业水平提高，满足绿色发展要求。

三、绿色发展对就业的影响

绿色发展在促进社会经济的同时，一些新型产业涌现出来，对冗余产能与技术落后的行业产生了一定影响，如劳动密集型产业与市场就业。

(一) 加强环保与职业健康管理

企业履行对利益相关者的社会职责，如对政策行政执法的回应，满足环保要求，增加企业安全生产与职业健康经济投入。加大环境污染治理，企业存在产能过剩、技术滞后问题，给企业经营发展造成影响。创建和谐劳动法律环境、倾向民生政策等进一步推动了经济社会发展，提高中小企业市场准入门槛，降低经济效益，市场空间有待进一步扩大。

(二) 营造和谐经营环境

现如今，中小企业在市场竞争中并不占据优势，政府管理决策能力低、市场环境差，一些社会经济问题全部归结于中小企业。因此，现当务之急是政府加强经济整治。企业面临融资难、生命周期短、技术水平低的问题，企业受到污染，先期投入的资源能源因为管理决策失误使得社会财富浪费，甚至成本投入都难以收回。

(三) 推动职工共享改革深化

取缔过剩产能、整治环境过程中要做好劳动控制。资本型与知识密集型企业的比例关系，传统行业劳动力市场供求关系的不稳定将影响职工基本生活，尤其是低劳动能力的群体，就业门槛不断提高。为此，相关单位还要主动配合政府职能部门，优化国民素质教育与职业技能培训体系，重视对劳动者的职业技能培训与社会保障，确保职工转岗科学分配。

四、绿色发展战略目标路径分析

(一)达成绿色发展社会目标

坚持人本理念,加强政府生态环境保护的绿色发展理念,以提高群众生活、维护职业健康权益的目标,客观认识生态环境对经济发展的承载力。积极转变经济发展形式与社会治理理念,创新生产形式、更新生活理念,实现经济社会、人与自然的和谐共融。

(二)绿色发展规划要符合国情

现代化发展中,循环经济、低碳发展、绿色消费成为社会经济与社会发展重要内容,通过科学民主的管理决策作为社会舆论环境的积极先导,重视产业经济政策的供给,维护市场环境,生成以科学技术为推动力的工业化发展道路,促进以人为本的城镇化进程,促进发展新兴战略性产业与产业转型升级,严格遵循生态环境与劳动保护立法,增强群众凝聚力。

(三)优化市场环境,提高企业专业水平

做好市场机制协调与社会法治规范落实,突出各类企业主体地位,重视社会法治建设与行业道德自律制度,全面落实企业社会责任,提高企业思想意识,引导企业生成社会合作伙伴关系。基于绿色发展理念下,重视基层政府环保行政管理与劳动保障监察执法,严格监督工会参与社会法治与劳动法律监督状态,防止职工权益受到损失,创建良好的劳动法治环境。这也是实现绿色发展与提高群众生活质量的必经之路。

(四)构建绿色财政

实行绿色税收政策以促进未来经济高质量发展。经济的高质量发展关键在于推动产业结构转型。从财政收入端而言,对那些有利于生态环境保护的企业和产业,可以采取税收减征和免征的优惠政策,而对于资源耗费高、环境破坏大的企业,可以采取较高的税率等措施限制其发展。从财政支出端而言,可以通过编制绿色预算,优化财政支出结构。

五、绿色发展前景分析

发展绿色就业现已成为全球主要研究内容,由纯绿的环保产业发展成为泛绿的新能源产业,近几年,随着环保设施的不断完善,绿色产业在国民经济发展中扮演着重要的角色。伴随着绿色就业的发展,在面对庞大的就业人口时,绿色就业比重仍然较少,绿色就业发展亟待增加。坚持把建设资源节约型、环境友好型社会作为加快转变经济发展方式的重要着力点,深入贯彻节约资源和保护环境基本国策,节约能源,降低温室气体排放强度,发展循环经济,推广低碳技术,积极应对气候变化,促进经济社会发展与人口资源环境相协调,走可持续发展之路。同时,将"经济增长的科技含量提高,国内生产总值能源消耗和二氧化碳排放大幅下降,主要污染物排放总量显著减少,生态环境质量明显改善"作为经济社会发展的主要目标之一。预计2020年可再生能源总量将提高至15%,2035—2040年可再生能源将占据全国一次能源总量的25%。因此,目前主要任务是培育与发展新兴能源产业。相对于传统能源产业,以水电、风电、太阳能等再生资源为主的产业,发展带来就业岗位的增加,重视人员的培养,提高专业水平从而为社会培养更多人才资源,缓解就业压力,促进绿色产业的持续发展。以美国为例,美国计划未来10年斥资1500亿美元大举发展太阳能、风能和生物能源等,将能创造500万个绿色就业岗位,是新能源发展推动绿色就业发展的典型例证。实现中国经济产业结构转型升级,构建推动经济高质量发展的体制机制是一个系统工程,不仅需要各级党委、政府和领导干部转变观念、加强监管和相应的财税政策改革,同时需要建立相应的法律制度进行约束、健全科技创新支撑体系以及各项政策激励机制。绿色经济推进绿色就业,要求各生产要素,特别是劳动力在城乡之间无障碍流动,要求消除阻碍农村劳动力转移就业的历史遗留与现实存在的各种制度障碍。

第三章 就业规划对现代经济发展的促进作用

第一节 就业创业服务推动区域经济发展

在实体经济不断进步和发展的过程中，就业创业服务具有重要意义。在社会主义市场经济条件下，面对现阶段存在的人力资源过剩和就业岗位缺乏、特色资源丰富和创业开发不足、财力薄弱和创业就业意识薄弱、经济发展滞后和创业氛围不浓等矛盾，我国应该合理把握就业创业服务推动区域经济发展的策略，为促进国家经济的发展提供坚实的保障和基础。下文就就业创业服务推动区域经济发展的策略做出了详细的阐释。

一、就业创业服务推动区域经济发展面临的现状

（一）人力资源过剩和就业岗位缺乏的矛盾

现阶段，人力资源过剩和就业岗位缺乏是阻碍区域经济发展的一个主要问题。主要是因为部分偏远地区耕地面积少，劳动人口多。同时，在经济体制不断变革的背景下，导致很多就业人员失业失地。这样的情况下急需为失业人员提供更多的就业岗位。另外，第三产业的基础比较薄弱，不能适应社会发展的要求，科技人才少。在第三产业规模小的基础上，不能为需要就业的人员提供充足的就业岗位。少量的就业岗位和就业人员过多，阻碍了区域经济的发展和运行。

（二）特色资源丰富和创业开发不足的矛盾

我国的很多地区具有比较丰富的资源，如油桃、草莓和棉纺织等农产品，为我国社会经济的发展和进步提供了更加丰富的资源。但是却未建立相应的就业创业服务体系，不能把这些丰富的资源通过现代化的农业发展模式

和工业加工的模式进行开发，使这些丰富的资源浪费，失去了存在的价值和作用。这样的情况下就没有形成规模比较大、科技发达和加工精细的就业创业服务产业，严重阻碍了区域经济的发展和进步。因此，当前特色资源丰富和创业开发的力度不足产生的矛盾是阻碍区域经济发展的一个不可忽视的因素。

(三) 财力薄弱和创业就业意识薄弱的矛盾

我国很多地区经济发展比较缓慢，缺少就业创业的机会，不能为相关失业人员提供充足的就业岗位，这样的情况下就阻碍区域经济的发展。同时，有些地区经济发展缓慢，财力比较薄弱，支撑不了经济的发展，也不能给就业和创业服务提供广阔的发展空间。这样就会导致很多家庭缺少创业和就业资金，不能创建相应的服务平台。另外，人们的就业创业素质比较低，不能和社会发展的步伐相吻合，就业创业存在单一的现象。在创业资金比较薄弱的基础上，人们抵抗创业就业的风险能力就逐渐降低。不能带动区域经济的发展，更不能为区域经济的发展贡献自己的力量。

(四) 经济发展滞后和创业氛围不浓的矛盾

地理条件和自然条件会在一定程度上影响着区域经济的发展和进步，而且我国很多地区的自然条件恶劣，地理环境不利于就业创业服务的发展。这样的发展状况不仅制约着当地人们的就业创业发展观念，也决定着人们的世界观、人生观和价值观。因此，环境问题成为制约人们就业创业并带动区域经济发展的一个重要因素[1]。

二、就业创业服务推动区域经济发展的策略

(一) 做好回引工程，鼓励回乡创业

在我国关注劳动力培训和输出的过程中，不仅要建立相应的回引工程机制，还要把这项工程作为政府发挥职能的一个部分。在保障制度的基础

---

[1] 秦一民. 大学生职业生涯规划指导 [M]. 成都：西南交通大学出版社，2011.

上，培养出有计划、有组织、有针对性的劳务人员。在培训的过程中，注重劳务人员的观念、学习能力、就业创业水平等。同时，政府也应该积极鼓励劳务人员回家乡进行就业和创业。加大对创业的支持力度和政策，通过自主创业、集中创业和分散创业的形式不断优化就业创业形式和内容。从小城镇和社会主义新农村建设出发，通过就业创业服务推动区域经济的发展。

(二) 增强外资吸引力，促进资源转化

在创建就业创业服务平台时可以有效运用网络、电视、报刊等媒介，对区域中丰富的资源进行有效整合，制定出不同的宣传方式和手段。在充分运用区域资源的基础上，创建就业创业服务体系，建立相应的加工厂和平台。另外，通过吸引外资，保证资源的有效利用，让外资商户在区域稳固成长和扎根，创建绿色农业和绿色工业，在促进经济发展的前提下，为劳务人员提供更多的就业机会。

(三) 发挥政府职能，培育就业创业服务环境

政府在就业创业服务推动区域经济发展中发挥着不可忽视的作用。政府应该为劳务人员提供更好的就业机会和就业环境。在市场经济发展的基础上，政府发挥着一定的经济职能。为就业和创业人员提供的良好环境主要是指硬环境和软环境，政府应该加大对两种环境的投入。在完善基础设施的基础上，提升区域经济发展建设的步伐，使区域经济发展建设能够和国家经济的发展要求相吻合。各个部门在工作的过程中，应该保证就业创业者的权益，为劳务人员提供更加优质的劳动保障服务。

(四) 加强就业创业服务引导，转变就业观念

媒体宣传能够在一定程度上提升就业创业者的观念，使就业创业氛围更加浓厚。在进行就业创业服务引导的过程中，应该遵循全民创业就业，全国互惠的原则。相关宣传部门应该不断弘扬就业创业精神，为就业创业提供良好的社会氛围。把更多的劳动者转化成就业者和创业者。在这个过程中还应该融入艰苦奋斗的精神，从转变人们的就业观和创业观出发，培养人们就业和创业的兴趣和热情。另外，还应该遵循以人为本的理念，尊重每一个劳

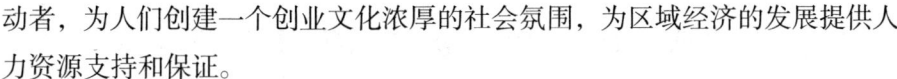

动者，为人们创建一个创业文化浓厚的社会氛围，为区域经济的发展提供人力资源支持和保证。

(五) 提供就业创业金融支持，培养就业创业服务精英

自主创业在某种程度上能够成为就业的动力和源泉。政府应该在政策补贴上支持自主创业，使人们在进行自主创业的过程中有比较雄厚的资金作为支撑。可以从小额贷款出发，拓宽小额贷款的范围。金融部门应该极力支持创业者，为创业者提供更多的资金支持。可以从简化贷款手续上着手，使创业和就业者更加方便。建立相应的就业创业服务平台。通过不同形式和渠道筹集资金，在高校中创建基金以帮助和引导创业活动，为创业精英提供资金支持。同时，高校也应该为学校的毕业生提供就业创业机会，使人才能够得到有效利用。保证技术和人才的创新和进步。因此，培养就业创业服务精英，为区域经济发展奠定基础。

(六) 鼓励全民就业创业，大力发展区域经济

很多地区的民营经济发展比较缓慢，缺少发展的条件。同时，一个地方想要发展和进步，不仅需要大企业的支持，还应该和小企业进行有效融合。这样的情况下，应该创建一个完整、技术水平高、规模大的民营经济发展体。在企业发展中相应地建立企业发展制度和规范。带动全民进行就业创业，大力发展区域经济。通过创业带动就业的方式，在遵循科学发展观的背景下，使全民都参与到就业和创业中，并建立相应的服务平台，为促进区域经济的发展和进步奠定基础。因此，鼓励全民进行就业和创业是推动区域经济发展的一个重要策略。

综上所述，就业创业服务推动着区域经济的发展，为人们的生活和工作提供了良好的条件，这样的条件下就应该更加关注就业创业服务带来的经济发展动力。为促进区域经济的发展，可以从做好回引工程鼓励回乡创业、鼓励全民就业创业大力发展区域经济、提供就业创业金融支持培养就业创业服务精英、加强就业创业服务引导转变就业观念、增强外资吸引力促进资源转化和发挥政府职能培育就业创业服务环境几方面出发，在提供就业创业服务的基础上推动区域经济的发展。

第二节 基于就业导向的创业型经济发展

创业型经济是通过创业活动这一桥梁将科学技术转化为现实生活中生产力,并以此推动企业发展的一种新的经济发展模式。与传统经济相比,创业型经济具有创新能力强、组织灵活、企业网络发达、规模小、灵活多变等优势。改革开放以后,我国出台了多项政策对各类毕业人才的创业给予支持,一些社会机构和组织也在大力推动创业型经济发展。为了积极有效地解决大中专毕业生、下岗职工和农民工等社会群体的就业和再就业问题,推动经济快速、稳定、健康发展,对创业型经济发展进行政策设计显得十分必要。

一、阻碍创业型经济发展的政策问题

当前,我国的大学生数量越来越多,与此同时,国有企业改制过程中有大量工人下岗分流需要再就业,再加上城市化过程中大批农民工拥入城市寻找就业机会,这些因素综合作用之下,使我国的就业问题越来越严重。而能大量吸引社会剩余劳动力就业的创业型经济由于发展中存在的进入、退出壁垒较多等政策性问题,导致发展活力不足,未能充分发挥就业的积极作用。原因主要表现在以下几个方面:

(一)创业进入、退出壁垒较多

我国在从计划经济向市场经济过渡的过程中,虽然对大部分行业放松了行业限制,但是在一些事关经济发展命脉的行业,国家采取的是严格限制进入的政策。即使在一些已经放开的行业当中,对于注册企业的注册资金、企业规模、企业项目都有一套颇为复杂的程序规定,这阻碍了既没经验、又没资金的大学生的创业热情。尤其是创业型企业上市融资方面,对创业板的上市规定相比其他板块要更加严格。在创业退出机制方面,对于创业板的企业,国家明确规定创业企业办理其股票发行上市的工作,并在创业企业上市后,根据证券市场监管要求,协助创业投资者股票的适时变现,也就是上市退出机制。这种退出机制受证监会的限制,对投资者相关资质要求很高,并

且审批时间长，不利于资金的快速流动。

(二) 创业教育、培训体系不健全

当前国内的高等院校在人才培养上主要是以就业为导向，注重学生基础知识技能的培养，并不是创业型经济发展所要求的以创业为导向的人才培养模式。这主要是因为高等院校对学生创业的认识不足，一些院校甚至简单地将创业与创立企业对等，在这种情况下有很多高校没有设立与创业相关的课程，就是已经设立创业课程的院校，由于师资、资金等方面的限制，也存在创业知识结构单一、课程类型单一的问题，没有结合本校、本专业的实际情况总结一套与实际创业相符的专业课程体系。在创业培训体系方面，虽然有的地方已经尝试开展面向下岗人员和农民工的社会创业培训活动，但社会普遍化的、针对农民工和下岗人员的创业培训没有展开。

(三) 技术支持力度有限

当前各级政府在区域内技术支持政策上，主要面向国有企业和大型企业集团。创业型经济虽然主要是以高新技术企业为主，但是由于规模较小，对区域内的就业和经济发展所起到的作用非常有限，因此，各级政府在对待创业型经济技术进步上，没有形成一个比较成熟的、可操作的支持政策，这些企业的技术创新只能依靠自己的力量，对国家的各类技术设施、技术发展资源只能是望而却步。技术支持政策不力，直接影响到创业型经济中企业的技术创新积极性，减缓了技术创新的步伐。

(四) 创业融资难、渠道单一

面对创业者对资金的需求，现有的融资政策存在着程序复杂、支持力度低和渠道单一等弊端。在中小企业贷款方面，各商业银行对其做了严格的限制，如《国家开发银行重庆市分行中小企业贷款管理办法》规定"中小企业贷款单笔借款金额最高不超过 3000 万元[①]。中小企业贷款期限一般在三年以内，最长不超过五年"。在这里银行主要考虑到创业投资的风险性，不

---

① 向瑞芹. 重庆银行中小企业贷款的风险管理研究 [D]. 成都：西南财经大学，2013：7-21.

愿意承担更多的贷款风险。在融资方面，由于国家对创业板上市企业的条件限制较多，上市融资并不适合刚刚起步的中小企业。同时，风险投资公司和其他投资者对创业项目的投资会充分考虑市场潜力，基于规避投资风险的考虑，也极少能够提供足够的创业资金，即使能够提供一些创业资金，但是条件、管理权方面的限制较多，创业型经济的发展活力受到很大的制约。

（五）创业孵化和服务力度不够、形式单一

创业孵化和服务政策是创业型经济发展的外部环境，对创业型经济发展具有重要的推动作用。现在我国很多地方根本没有出台相应的创业孵化和服务政策，在税收、财政、工商等方面并没有给予创业者太多的支持，反而为了提高单位的经济效益对创业者设立了很多门槛，阻碍了本地区创业型经济的发展。创业孵化和服务政策不健全，是导致我国现在创业型经济发展缓慢的一个重要原因。

二、基于就业导向的创业型经济发展的政策设计

就业导向的创业型经济发展的相关政策设计，要以解决困扰其发展的各种瓶颈为基础、以促进创业型经济发展为最终目的，采取针对性的措施，以解决创业型经济发展中的各种阻碍问题为目的，进行相关的政策设计。

（一）进一步放宽创业进入和退出壁垒政策

一是打破行业垄断现状。对于目前大量存在的行政性垄断行业，要放开进入限制，通过拆分、重组等形式引入市场竞争机制，允许中小企业参与到行业发展中来，给予中小企业更大的发展空间。同时，还应该有针对性地降低一些行业的注册资本，转而用加强规范管理和完善退出机制实现对企业经营行为的监管，通过降低门槛鼓励创业者积极投身创业活动当中。

二是改革现有的企业审批制度。具体来说就是简化进入审核、加强后续管理。各级政府应该对企业审核项目进行逐一研究，以方便创业型经济发展为主要原则，不断减少不必要的手续和程序，方便中小企业的进入。同时，在后续管理中积极运用检查、监督等手段强化管理，建立一套严格、科学、程序严密的后续管理制度，变"严进松管"为"宽进严管"加"管理与

服务相结合",引导中小企业朝着可持续发展的方向健康成长。

三是采用灵活的退出机制。所谓退出机制,是指创业投资者在其所投资的创业企业发展相对成熟后,将所投的资金由股权形态转化为资金形态。在这一方面就我国现在创业板的发展来说,就是要解决好主板市场的规范问题,防止财务信息虚假、违规挪用资金等行为出现。在此基础上,可以考虑构建创业投资者对外转让创业企业股权、由创业企业回购创业投资者的股权等灵活的创业退出机制。在创业型经济发展中,企业的破产机制也应该属于退出机制,通过简化破产程序,使投资者能够及时从投资失败中抽出资金,最大可能地减少创业损失。

(二)继续改革和完善创业文化和创业教育政策

一是强化创业精神的培养。创业精神是创业者走上创业道路的思想动因。在我国,由于受到传统思想文化的影响,人们创业的意识并不是很强,很多人习惯找一个稳定的工作,慢慢地走向成功。这与我国的教育有很大的关系。这就要从教育入手,逐步发展创业教育使其成为贯穿小学到大学的正规化教育,在各级教育环节当中,设立相应的创业课程,培育和弘扬创业精神,使创业精神深深根植于创业者的脑海之中。要培养学生善于把握眼前细小机会的能力,并且将这种行为变成一种思维习惯,让学生敢于探索、勇于接受挑战和快速行动,造就他们开放的、合作的、善于组织协调的性格,为未来的创业行为奠定良好的基础。

二是构建与创业型经济发展相适应的创业教育课程培训体系。在高校建立系统化的创业教育课程体系,建立多渠道的创业实践基地,激发大学生的创业热情,鼓励更多的大学生成为真正的创新创业者。具体来说,在课程体系上要建立基础类课程与核心类课程相结合的体系模式,学校可以根据自己的情况,开设与创业有关的公共选修课程,如创业学基础、创造学基础等,向全校的学生传授创新、创业的基础知识和方法,让每一位学生都认识到创业对于一个人的重要意义,了解创业的过程和已经创业成功的典型案例。

三是加强对弱势群体的创业教育。大学生虽然是创业的主体,但实际上社会各阶层人群都属于创业人员之列,特别是下岗失业人员、农民工等为主的"弱势群体",由于在文化、技能方面比较欠缺,就业困难较大,如何实现他们的再就业成为摆在政府面前的一道难题，而创业是很多弱势群体选择的再就业道路。要想提高弱势群体的创业积极性，提高他们的创业意识和能力是关键问题。在这方面，政府可以在劳动力职业教育与培训的过程中穿插创业培训的内容，在向农民工传授电工、焊工、汽修、家政等职业技能的基础上，激发他们的创业热情和积极性，并使他们具备创业的基本知识。在下岗人员的创业意识培训中，政府应该将创业意识培训与继续教育和专业培训结合起来，通过设置短期创业课程和讲习班等方式，提高他们的文化水平，提高他们的创业意识，用现实生活中活生生的案例，鼓励他们积极走上创业道路，用创业的方式实现他们的再就业。

（三）强化创业型经济发展的技术支持政策

一是加大财政、税收上的支持力度。在财政支出上，各级人民政府可以根据本地区的实际情况加大投入力度，支持本地区以创新为导向的机会型创业技术创新活动，利用优惠的税收政策、财政补助政策、科技复制政策等鼓励、支持和引导创业者在电子商务、工业设计、咨询服务、财务评估等现代服务业领域创业发展。采用物质奖励与精神奖励相结合的方式，鼓励创业型企业不断进行知识更新、技术创新、体制探索。例如，可以制定一定期限、一定比例的免税政策，对于一些具有较大市场潜力的技术研发活动，政府可以采取投资入股的方式给予创业者最大的财政资金支持，对于区域内的重大科研成果，政府要拿出一部分资金进行奖励，通过评选各类技术创新人才等方式，调动创业者的技术创新积极性。

二是加强对创业知识产权的保护力度。对于创业型经济来说，最重要的资本就是技术，而技术在法律上表现的就是知识产权，如果没有一个良好的知识产权保护机制，创业者就难以通过知识产权获得收益，市场中各种仿制品会大大压缩他们的产品份额，最终打击他们的创业积极性。这就需要国家加大知识产权的保护力度，加大市场中各种侵权产品的查处力度，保证知识产权所有者在市场经济中的独占权。此外，国家还要不断完善知识产权交易市场，注重研究开发的转移及加大知识产权的保护力度，建立健全科技成果发布、查询、产业化机制，促进产学研对接，形成体系完整、功能完备的创业信息服务网络，以此来保证创业者能够通过技术创新获得相应的知识产权,通过知识产权的应用获得经济效益。

(四) 改善创业者的融资环境

一是充分发挥小额担保贷款在创业中的作用。小额担保贷款是目前各金融机构所推出的一款新的金融产品,这种贷款方式程序简单,贷款灵活,还款方便,数额也比较多,在贷款担保方面比较灵活,可以提供财产抵押、个人信用担保等形式。在创业型经济发展过程中,这一类的贷款可以满足企业对资金的急需,帮助企业度过经营上的难关。现在来看,要想充分发挥小额担保贷款在创业中的作用,可在省、市、县建立小额担保贷款工作协调小组,由政府分管领导任组长,劳动保障、财政、银行等部门负责人为成员,组建日常工作机构,完善协调督查机制。扩大小额担保贷款的扶持范围。将小额担保贷款扶持范围由原来的国有企业下岗失业人员扩大到自主创业的高校毕业生、返乡创业的农民工。创业项目除国家限制的行业外,均由就业资金提供相应贴息。除此之外,对于中小企业可以采用知识产权抵押方式,提高中小企业的贷款额度,给予创业型经济发展最大的贷款支持。

二是不断拓宽融资渠道。创业型经济的发展不能仅依靠自筹资金、小额贷款、财政贴息等有限渠道,而是应该不断拓宽资金来源渠道,积极引进社会投资资金、民间融资等方式,解决中小企业创业过程中资金相对不足的问题。具体来说就是,以小额贷款为核心,辅以失业保险基金、再就业资金、商业贷款、创业基金、民间融资等筹资方式,构建一个多途径、多来源的资金来源体系,保证创业者在好的项目下有足够的资金进行创业。

(五) 大力优化和完善创业孵化和服务政策

在这里最重要的就是建立创业孵化基地,对各种创业进行统一的管理和扶植。创业孵化基地建设要在政府统筹规划之下,由政府或社会组织投资或主导在区域经济发展中规划建设创业型企业孵化基地,为创业者无偿或低价提供生产、科研、经营场所,对进驻创业园的各类创业型企业出台优惠扶持政策和配套服务,有效降低企业创业成本和创业风险,提高创业成功率,让创业工业园成为初创企业成长性的载体,成为为创业型经济发展提供集经营性和公益性于一体的综合服务平台。可以建立青年创新科技园,对于投身于创业的青年人才给予财政、税收、管理上的多项支持。例如,杭州青年科技人才创新示范园,对于符合创业条件的青年技术人才,免费入住科技园区,免收三年的管理费用,仅收取一定数额的房租。这样的优惠政策,吸引了大批创业人才入住园区,达到了产业集中形成优势的目的。

总之,政府应充分发挥主导作用,完善各项政策,为创业型经济发展创造一个良好的外部环境,以激发人们的创业热情,促进社会的充分就业,促进我国经济可持续、健康发展。

第三节 以就业增收机制推动社区经济发展

通过大力发展社区经济,多渠道筹集资金,为社区成员提供公众经济保障和服务,扩大保障人群覆盖面,已成为推动全国构建和谐社会的动力。但目前,社区经济保障财力严重不足,社会保障资金缺口很大,想通过常规方式由财政拨款和解决日趋增加的社区经济保障费用难度很大。所以,在"以人为本"的社区建设的基本理念基础上,强化社区经济的概念,树立社区经营的理念,为社区经济保障开拓空间,充分体现了"小政府、大社会"的观念。招商引资已经成为解决社区财力来源,提高社区经济发展水平,提供更好的就业服务质量的重要渠道。

本节通过对社区就业,招商引资增大税源的探索与剖析,为社区经济的发展提供了切实、有力的依据。

一、促进社区就业增收的举措

(一)发展税源型经济,实行税收增量比例返还制度

社区挖掘和培育新的税源,为社区经济保障提供了有力的财力支援。社区可以通过大力发展服务业,充分发挥社区的地缘优势、功能优势、物流优势,大力引进和创办商业、旅游、餐饮、娱乐等服务项目和专业市场。与大商业联合,建立连锁店;与大企业联合,充当经销商、代理商;与大农业联合,建立农副产品批发市场、绿色食品配送中心。充分利用社区资源优化

组合,外引内联。

以街道为单位,以目前提供的税收和财政下拨的经费为基数,将每年新增的创税部分按比例返还。搞活增量,同时也减轻了上级财政的压力,形成社区财力的良性循环[①]。

(二)开发社区就业岗位,拓宽就业渠道

社区就业是社区层面上的就业,各个条线的管理和就业扶助都要落实到基层社区,因此要加强基层社区的协调能力,只有建立了强有力的社区发展基层平台和综合管理运行机制,才能有效地促进社区发展和基层就业。促进社区就业的社区综合管理机制的建立,具体来说包括以下几个方面:

第一,可以由劳动部门或者社区发展综合协调机构牵头成立由多个有关部门参与的社区就业办公室,不少城市已经建立了促进就业的综合协调机构,可以在其中加强对社区就业的综合协调和政策的相互衔接。

第二,基层街道和社区居委会应强化社区委员会的作用,加强对促进社区就业的咨询指导、综合管理和机构协调,确保各条线对于促进社区就业的资源能统一使用,发挥最大效用。同时应充分发挥我国社区委员会资源协调能力较强的优势。

第三,为了加强社区基层平台对促进就业的管理能力,要配备工作人员,包括街道劳动保障工作人员和劳动服务管理人员,加强社区就业管理的硬件建设,促进就业信息网络平台的构建,实现对就业援助落实到基层。

第四,在社区层面上促进社区就业组织的协会建设、社区就业培训机构建设、社区就业创业者联席会等社会组织建设,为推动社区就业和创业创造良好的社会环境。

(三)强化社区服务,发展社区服务产业

强化社区服务,增强社区经济发展的主导功能。以服务于社区居民为主旨发展社区经济,并通过社区经济的发展来支持社区的各项建设事业,从而达到社会与经济发展的和谐统一,是社区建设的发展方向和重要途径,也

---

① 臧亚州.试论我国城市社区就业存在的问题与对策[J].辽宁行政学院学报,2018,14(05):37-39.

是社区经济发展的主导功能。

社区服务产业是指体现社区功能作用及工作内容的社区资源，是一种经营实体，即服务社区广大居民日常生活的经营形式。尽快将这些资源纳入社区统一管理的工作范围，整合发展社区服务产业，为居民提供服务的同时创造就业岗位，提供就业机会。

二、以就业增收机制推动社区经济的展望

社区是城乡的基础，也是每一个居民赖以生存的家园。近年来，随着下岗失业人员、剩余劳动力的不断增加，社区工作的重心也不知不觉地转移到为他们寻找就业的出路上。新形势下，社区建设也不应仅仅停留在为居民简单的服务上，而是要用现代的意识发展社区经济、经营社区。沿海发达地区的成功经验告诉我们，他们经济的崛起最初也是以社区为依托而逐渐做大、做强的。因此，应以社区为依托，大力发展和积极扶持社区经济，从而达到不断优化社区服务、人人就业、企业增收的共同目的。

（一）从社区服务的角度

随着社会产业结构转型，大量农村剩余劳动力和城镇失业人员亟待就业。以服务为主的社区经济是吸纳农村进城务工人员和诸多城镇下岗失业人员就业与再就业的阵地。通过吸纳就业人群，可为社区经济注入人力资源。优质的社区环境，良好的社区服务是招商引资的必要和关键条件。吸引各种形式的资金投资社区经济，推动社区经济做强、做大，并向社会化、产业化方向发展，促成社区经济发展与增加就业的良性循环，达到社区、企业共赢的目的。

（二）从社区经济的角度

大都市社区经济是指在一定的市域范围内，以社区居民福利最大化为目标，通过以社会机制为主的多元化机制进行资源有效配置，并进行必要的成本与效益比较，为满足社区居民日益增长的物质文化需要而提供产品或服务的一切经济活动的总称。大都市社区居民的生产生活需要社区经济，而社区经济依附于社区，为社区服务而生存与发展。正是社区居民的需求为大都

第三章　就业规划对现代经济发展的促进作用

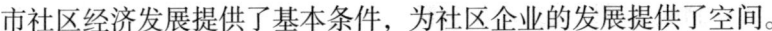

市社区经济发展提供了基本条件，为社区企业的发展提供了空间。

随着改革的不断深入，市场经济体制的不断完善，税源经济已成为社区经济发展的重要途径。通过努力推进社区服务，强化社区管理，加大社区建设力度去营造一个良好的社区环境，以此吸引更多的投资者。与此同时，加大协税、护税的工作力度，确保完成税收任务，为开展社区其他工作奠定坚实的物质基础。

（三）从社区经营的角度

社区经济是社区经营的基础条件。大力发展社区经济可以为社区经营提供可靠的物质保证，有助于满足社区居民的生活需要，而且它是扩大就业、安置社会劳动力的重要渠道，并发挥着社区服务和社会稳定的作用。社区经营可以为社区经济的发展创造良好的投资环境和发展条件，从而可以直接带动社区经济的发展。社区经营与社区经济是相互促进、协调运行的，为了推进社区经营必须发展社区经济，而要发展社区经济又需要通过社区经营为其创造良好环境。

第四节　核心竞争力视角下的就业能力与经济发展

近年来，随着我国经济发展进入新常态，大学生就业已经成为焦点问题。社会职位资源与高校毕业生就业人数不相匹配，就业总量增加与结构性螺旋式矛盾的"双重压力"相互作用，对大学生就业带来更为严峻挑战。"群众在就业、教育、医疗、居住、养老等方面面临不少难题……这些问题，必须着力加以解决。"本节基于当前就业现状，结合中共十九大的时代背景，探析核心竞争力视角下大学生就业能力提升策略。

一、核心竞争力的内涵与特征

（一）内涵

核心竞争力（Core Competencies）是指一个企业在经营过程中形成的并

被企业拥有或控制的，可以持续产生独特竞争优势的资源与能力。大学生就业核心竞争力是立足于大学生群体，在自身一般能力基础上加以提炼和发展，由此形成独有的，支撑大学生目前甚至将来的有效竞争优势，使大学生在特定的时间内永葆竞争优势的核心能力。

(二) 特征

随着国家发展战略的调整，形成以"市场导向、政府调控、学校推荐、学生与用人单位双向选择"为特色的就业机制。当前大学生的就业核心竞争力体现在大学生的职业目标是否明确、就业心态是否端正、是否有适应岗位的实践能力等。由于职位的供给不足，用人单位对大学生的要求越来越严格，对大学生提出了更高的素质要求。其主要特征如下：

1. 整体性

大学生就业核心竞争力是通过外部市场资源的利用以及自身综合条件运用的有机集合，通过耦合，裂变而形成系统化的竞争优势并实现其价值。

2. 排他性

大学生就业核心竞争力是其他个体所不具备，体现在"人无我有，人有我优，人优我精"的独特性，支撑大学生现在甚至将来的竞争优势，是其成功就业发展的重要影响因素。

3. 发展性

大学生就业核心竞争力并非一成不变，而是随着时间、地点、领域、岗位、情绪等各种内外在因素变化而变化。需要随环境变化而适时适势调整，努力寻找和创造新的就业核心竞争力，更好塑造发展自己。

二、影响因素

(一) 微观环境

一是学生个体的直接因素。由于受到中学"赶鸭式"教育和家庭教育影响，大学生主动学习意识薄弱，忽视对基础知识和专业理论进行扎实学习，制约就业核心竞争力的培养和提高；对就业市场缺乏深度了解，对自身水平评估不够合理，往往对就业期望值偏高；同时受到固有观念的限制，创新创业思维受到局限，缺乏自主创业的勇气和决心。

二是高校人才的培养环境。高校制订人才培养方案没有切实与当前社会发展需求相对接，专业设置与社会需求存在结构性矛盾；高校学科专业建设与深化教育教学改革不够，"重理论，轻实践"的教学思想依然存在；第二课堂实践教学机会有限，创新创业教育体系仍不完善。

(二) 中观环境

就业市场的不断限制：当前用人单位存在较强倾向性，提前将招聘范围锁定在双一流学校，使得其他高校学生未有机会参加应聘；一味追求高学历和高分数的学生，有可能将此类学生放置不能胜任的岗位之上。很多企业局限于招聘大学毕业生，并未通过与高校在人才培养过程中的直接合作来传达自己的需求以及硬件要求。

(三) 宏观环境

社会环境的发展形势：经济发展形势依然严峻，在一定程度上制约社会对大学生的需求，社会职位资源与高校毕业生就业人数不相匹配，就业总量增加与结构性矛盾"双重压力"日益加剧，对大学生的发展带来严重挑战。社会上"啃老族"的现象依旧大量存在，大量劳动力并未走向劳动力市场，从而制约着经济良性发展。

三、提升策略

(一) 个人努力是关键

首先，树立主动竞争意识，充分利用学校提供的资源，夯实知识基础；不断参加社会实践，培养实践能力[①]。其次，树立符合新时代中国特色社会主义理论思想的择业理念，把个人规划与社会实践相融合，把个人梦想与民族自强相联系。以"十大工程"为指引，充分利用多种途径多种手段实现就业。结合乡村振兴战略的大背景，到基层一线就业创业；投身于服务需求

---

① 王占军. 大学生职业生涯规划咨询案例精编 [M]. 上海：华东师范大学出版社，2017.

"大舞台",到新兴领域就业创业,在个人成长中服务社会经济发展。

(二)高校培养是重点

一方面,高校应树立以服务学生学习与发展为核心的人才培养理念,实施基于"价值引导下的自主构建"理念下的新型的就业观教育。以能力培养为重点,加大社会实践的比重,着重开展实用性的训练,增强学生技能素质。另一方面,高校应以求职就业为导向,建立起大学生就业指导平台,开设职业生涯规划课程与讲座;加强专业能力的训练,建立学生与导师良好的沟通媒介。

(三)平台指引是支撑

首先,要充分发挥网络资源优势,通过虚拟平台搭建大学生就业的新阵地,充分发挥新媒体的优势作用,及时发布就业信息,将用人单位与学生需求紧密相连。其次,利用新媒体开展创业竞赛,搭建大学生与"创业孵化器"和"大学生创业基地"之间的桥梁,提升大学生实践创新能力。最后,以新媒体为载体进行模拟招聘,加强大学生竞争意识,提高大学生的求职竞争意识。

(四)社会指导是保障

一方面,国家应积极营造高校毕业生自主创业的良好氛围,提升大学生的能动性和创造性。通过各种创客空间、政府或民间基金等途径,从各方面进行全方位帮助。引导高校展开教学改革探索,建立全面的教育体系,设立自主创新创业学院,从而打造服务的"新格局"与"新境界",实现精准就业服务与支持。另一方面,企业应根据自身用人需要,加强与高校在人才培养方面的合作,通过开展订单式的联合培养模式,为大学生职业发展提供指导和参考性建议,鼓励大学生将个人学术成果、创新创业成果转化为知识产权。

综上所述,大学生就业核心竞争力的确是影响就业质量的重要关键因素。王国维曾指出,教育宗旨是"人之能力无不发达且调和也"。随着经济发展的不断深化与创新创业的深入发展,大学生就业核心竞争力不仅包括大学生个体因素，而且涉及教育环境、就业市场、社会环境等因素，需要多方联动，方可全面提高大学生的核心竞争力，实现大学生"海阔凭鱼跃，天高任鸟飞"的理想，为实现中华民族伟大复兴的"中国梦"做贡献。

第四章　职业规划与就业指导研究

第一节　职业规划对就业的影响及意义

随着高校的扩招和大学生就业方式的转变，大学毕业生就业越来越困难。就业难除了社会因素外，大学生就业观念存在的诸多问题也成为就业难的主要原因之一。当前大学生对个人和社会工作环境的认识不足，是导致就业观念问题的主要原因。职业生涯规划教育通过引导大学生进行自我和工作世界探索，可帮助大学生建立良好的自我认知，正确定位自身价值；帮助大学生建立良好的职业认知，形成务实、合理的就业期望；增强大学生的就业自我效能感，从容面对挑战。

一、就业观念存在的问题

就业观念是大学生在选择职业时所持有的观点、态度和看法，它是由认知、情感和行为倾向三个因素组成的。由于每个人的家庭环境、成长经历、兴趣爱好、性格特点各异，就业观念也不尽相同，具有独特性。笔者参考了国内众多学者对当前大学生就业观念的研究情况，认为大学生就业观念主要存在以下几个问题：

（一）自我认识不足，盲目择业现象严重

当前，面对严峻的就业形势，一些大学生盲目乐观、过于自信，自我评估过高，就业时挑三拣四，错失了很多不错的发展机会；一些大学生过分攀比，认为自己找的工作一定要比身边的同学朋友好；还有些学生看到别人做什么，自己就跟着做什么，跟多数人保持一致，认为这样才不会出错，不从自身实际出发，缺乏主见和独立思考的能力，盲目从众。这些不良的就业心理主要源于大学生自我认识不足，考虑问题不从自身实际出发。

第四章　职业规划与就业指导研究

（二）就业期望不合理，就业观念落后

一些毕业生还以为现在的大学生跟以前一样，是社会上的精英，毕业后有条件获得收入稳定、社会地位高的职位，不愿意降低就业期望，就业观念严重滞后。这大多源于他们消息闭塞，把自己关在校园内，故步自封，不了解当前的社会职业发展状况。

（三）职业自我效能感低，就业心理压力大

近年来，我国高校毕业生逐年增加，竞争越来越激烈，给大学毕业生带来了不小的心理压力，加上每年毕业季各大媒体大肆鼓吹"最难就业季""更难就业季"等，使毕业生陷入更大的恐慌。有些毕业生面对当前严峻的就业形势，严重缺乏自信心，一方面，担心书本上学的知识陈旧，自己又没有工作经验和优势，没有人会愿意提供给自己岗位，不敢竞争，害怕失败；另一方面，毕业生又过分看重第一份职业的影响力，不敢轻易选择。

二、职业生涯规划概况

大学生职业生涯规划是在对影响个人职业选择的特质，包括兴趣、性格、能力和价值观进行综合分析、判断的基础上，结合当前的社会职业环境，逐渐发展个人的生涯认同，建立暂定的生涯发展目标，并为实现这一目标做出有效合理的安排。系统的职业生涯规划过程主要包括以下几个方面：

（一）自我评估

生涯规划是一个由内而外的过程。在生涯规划时，首先要认识自己，只有认识自己，选择及决定才有据可依。认识自己需要对个人的人格特质、兴趣爱好、需求、技能、价值观等进行探索分析，从而确定适合自己的职业或职业倾向。

（二）社会工作环境分析

要充分了解所处社会工作环境的发展、变化以及这些变化对自己职业生涯发展的影响。从各种可能的职业需求条件入手，了解其要求、条件和待

遇，并为之提前做好计划和准备①。

(三) 生涯决策

综合整理个人特质和社会工作环境信息，形成切合实际的、有实现可能的职业发展目标和计划。同时，还要正确处理生涯决策过程中影响生涯信念的各种障碍。

(四) 行动

行动是将探索和目标落实的阶段，合理安排大学阶段专业学习、实践、课外活动、实习、休闲活动等，为实现目标做好个人准备。

(五) 反馈、调整、再评估

自我和外部社会工作环境都在发展变化，随着这些变化，或许发现过去的规划已不适合自己，这就需要再次进行探索、评估、修正职业生涯规划，建立职业生涯规划档案，进行科学的管理。

目前，尽管高校职业生涯规划教育还存在理念普及不够、师资力量不足、专业化程度低、教育形式单一等众多问题，但不可否认，职业生涯规划的理念和方法对高校的教育教学还是产生了不小的影响。通过职业生涯规划教育，能引导学生系统地认识自己，了解社会职业发展环境，使其具备良好的自我和职业认知，能够根据自身特点进行合理定位，建立职业生涯规划目标，并以此树立大学期间的学习目标，有针对性地培养自身素质和技能，为将来的职业发展打好基础。

三、对就业观念的影响

大学生对个人和社会工作环境的认识不足，是导致就业观念问题的主要原因之一。而自我和工作世界探索是职业生涯规划的重要内容，因而职业生涯规划教育势必影响大学生就业观念，主要表现在以下几个方面：

---

① 姚先桥. 职业生涯六堂课 [M]. 北京：机械工业出版社，2012.

(一) 帮助大学生建立良好的自我认知，正确定位自身价值

职业生涯规划最重要的部分就是自我探索，通过各种专业测评、活动体验对个人的人格特质、兴趣爱好、需求、技能、价值观等进行探索分析，引导大学生认清自身的特点和潜在优势，正确定位自身价值，建立适合自己的生涯期待和暂定生涯发展目标，使大学生意识到自己是就业的主体，就业应从自身实际出发，不能好高骛远、盲目攀比。每个人的成长环境、教育背景、性格特点、兴趣爱好、技能特长、价值追求不同，适合的职业也不同。每个人都在自己的岗位上耕耘、收获、成长，没有高低贵贱之分，适合自己的就是最好的。

(二) 帮助大学生建立良好的职业认知，形成务实、合理的就业期望

职业发展规划的重要内容之一是社会工作环境分析。引导学生在生涯期待和暂定生涯目标的基础上，通过网络媒体、书面资料等收集关于目标职业资料的概述、现状及发展趋势、工作内容、工作环境和待遇、从业所需资格条件（包括学历、性格、所需技能）、晋升经验条件等基本信息；对本行业的师兄及前辈进行访谈，进一步了解实际从业人员的工作状态及对工作的感受和看法，得到他人的主观经验；还可以对目标职场进行实地参观，形成个人的第一手体验。通过以上途径对目标职业进行静态的、动态的、主观的、客观的资料探索，有助于帮助学生积极融入社会，了解社会发展现状及形势，建立良好的职业认知，认识到大学生群体就业面临的困难和挑战，不断更新观念，形成务实、合理的就业期望。

(三) 增强大学生的职业自我效能感，从容面对挑战

职业生涯规划教育能够引导大学生客观地认识自我和社会工作环境，探索个人特点和潜在优势，通过搜集和分析社会工作环境资料，认清个人与职业发展的关系。在自我和工作世界探索的基础上，结合自身其他情况，形成个人的职业决策风格，这种决策不是随机的、盲目的，而是在自我和工作世界探索的基础上，清楚地知道"我是谁""我想要什么""怎样才能得到我想要的"，当学生面对激烈的就业竞争压力时，就能够及时调整自己，坚定自

我，从容面对选择和挑战。

第二节 职业规划教育与就业竞争力的关系

众所周知，一方面，迫于就业形势的压力，造成了很多大学毕业生在社会中无法找到与自身专业相匹配的岗位进行就业；另一方面，由于大学生自身因素导致大学生的就业成为一个老大难问题。而大学生自身因素方面表现得尤为突出的则是大学生基于自身职业规划思考较少，他们对于自身的未来没有一个明确的目标和方向，从而影响了他们毕业之后的就业竞争力。在这种情况下大学生在面临就业时就会显得比较盲目，或者基于"高不成低不就"的心理出现频繁跳槽现象，耽误了自己的职业生涯；再或者就是以学习深造为借口，一味地逃避就业，从而使自身的就业问题变得更为严重。为了有效解决大学生就业中出现的这样或那样的问题，我们需要深入分析大学生职业生涯规划教育与就业竞争力的关系，从而通过对大学生职业生涯规划方面的教育和引导，来增强大学生的规划意识和就业意识，促使他们不断通过自身努力去提升就业竞争力。

一、对大学生进行职业生涯规划教育的现实需要

大学生在毕业之后是否能够顺利就业，最主要的还是要归因于大学生是否有一个符合自身实际的科学的职业生涯规划。由于大学生形成科学职业生涯规划的过程并不是一个静止的状态，而是需要经过实践证明、合理调整后才能最终形成，因此，对于大学生职业生涯规划教育就显得十分必要。

（一）大学生职业生涯规划教育能够帮助大学生正确评估自身

在大学阶段，大学生的性格特征会经历波动明显到逐步稳定的过程，在这样的情况下，大学生对于自身的判断就会存在偏差。只有通过大学生职业生涯规划教育这一方式，才能有效引导大学生掌握评判自身的方法，使评估偏差逐渐缩小，从而使大学生本身的评估与将来毕业之后的职业选择和方向相匹配。与此同时，大学生对于自身的评估要经历动态调整的过程，这使

他们在就业时更有针对性。

（二）大学生职业生涯规划教育能够帮助大学生确立明确的职业选择

大学生职业生涯规划教育，不单单只是为大学生讲解一些职业生涯规划的理论知识，还会通过邀请就业指导师、优秀就业者举办讲座的方式，对大学生职业选择的方向进行一定的引导，从而使大学生个体可以根据自身的实际情况，结合就业趋势，有针对性地为自己确立一个明确的职业选择，而后以这个职业选择为导向，不断地加强自身的能力，以使他们在就业时能够更加从容并很快适应选定的职业。

（三）大学生职业生涯规划教育能够帮助大学生提升自身的能力素养

从当前严峻的就业形势来看，很多企业在招聘工作人员时，不仅看重大学生是否具备一定的专业知识，而且对大学生的交际能力、应急应变能力、心理承受能力等方面有着更多的条件限制，所以，大学生能力素养的提升对于其就业竞争力的增强是十分重要的。而大学生要想提升自身的能力素养，就需要适时地接受职业生涯规划教育。只有基于职业生涯目标的明确，才能在提升能力素养上更有针对性。

二、大学生职业生涯规划教育中的瓶颈问题

当前各大高校对于大学生职业生涯规划教育的形势不容乐观，虽然有些高校在这方面进行了很多的努力和探索，但是依旧面临着诸多的阻碍因素，而对于这些阻碍因素的分析和思考，将影响大学生就业竞争力的提升。

（一）大学生职业生涯规划教育稳定性不足

在高校的教育体系下，很多高校只是一味地偏重学生专业知识的教学，而对于学生实践能力的培养有所欠缺，同样地，也对大学生职业生涯规划教育缺乏一定的认识，从而忽视了大学生职业生涯规划教育。近年来，尽管有些高校逐步认识到了大学生职业生涯规划教育对于解决大学生就业问题的重要作用，但是也只是在学生将要走出校园时，简单地采取举办招聘会、组织大学生职业规划方面的讲座等形式，为学生提供一些就业渠道和就业指

导，却没有将大学生职业生涯规划教育纳入高校教育体系之中，这样就不能从根本上解决大学生就业方面的困惑，不能真正地提升大学生就业的竞争力[①]。

(二) 大学生对于自身职业生涯缺乏必要的思考

受到传统教育理念的影响，大学生本身早已习惯了应试教育的思维，在大学教育上仅仅只停留在知识的学习上，也只会以专业成绩的好坏来评判自身的能力，他们很少去思考自己将来想要从事什么样的职业，更很少审视自己究竟能够胜任什么样的职业，可见，大学生的职业生涯规划意识相对欠缺。因此，要想有效提升大学生职业生涯规划教育的质量，就需要在大学生职业生涯规划意识的培养上付出更多的努力。

(三) 对职业生涯规划教育的岗位设置缺失

由于高校教育经费的不足，师资力量一直以来都是高校教育体系最为薄弱的一环，但是教育教学质量的好坏又在很大程度上依赖教师这一重要角色。而根据调查，笔者发现，从事大学生职业生涯规划教育的教师，普遍存在着职业规划经验不足、在身份上多为兼职而非专职等问题。鉴于大学生职业生涯规划教育是高校教育逐步拓展的新的教育领域，那么在针对这方面的师资队伍建设上要更为重视。

三、大学生就业竞争力的表现

要谈论大学生就业问题这一话题，就始终绕不开大学生应具备何种就业竞争力这一关键因素，下面就来介绍一下大学生就业竞争力的一些具体表现：

(一) 大学生就业竞争力表现在大学生的品质特征上

一个人的品质特征包含着很多方面，如是否具有上进心、是否具备独立思考能力、是否能在困难面前勇敢面对、态度是否认真细致，等等。而大

---

① 郭文臣. 新型职业生涯的挑战与应对 [M]. 北京：科学出版社，2015.

学生要想形成很强的就业竞争力，也需要具备一些优秀的精神品质，如工作方面要踏实能干、学习上要主动进取、与同事之间要懂得互相帮助等，这样才能迅速地适应工作岗位并很好地完成工作任务，从而提升自身的就业竞争力。

(二) 大学生就业竞争力表现在接受新知识的能力上

俗话说，"活到老、学到老"，这句话就是要告诉我们不管我们目前的知识水平如何，都需要进行不断地学习，因为时代在发展，如果我们只是躺在固定的知识储备上"睡大觉"，那么总有一天会被社会淘汰。因此，大学生就业竞争力也表现在他们接受新知识的能力上，接受新知识的能力越强，代表他们的发展潜力越足，那么对于任何工作他们都可能胜任。

(三) 大学生就业竞争力表现在大学生与社会的融合度上

当学生从大学校园毕业，自然而然就意味着他们要走向社会，如果他们无法完成从学生角色到社会成员角色的转变，就会直接影响到他们在社会中的就业问题，从而使他们无法在社会中真正立足，因此，大学生的就业竞争力的强弱最终要表现在大学生与社会的融合度上。

四、大学生职业生涯规划教育与就业竞争力之间的关系分析

从开展大学生职业生涯规划教育的初衷来看，最主要的就是为了提升大学生的就业竞争力，使大学生在面临就业问题时不至于产生迷茫感，而是能够根据自己的实际情况，正确地选定职业方向。因此，我们需要深入分析大学生职业生涯规划教育与就业竞争力之间的关系。

(一) 大学生职业生涯规划教育影响着大学生优秀品质的形成

高校通过教育可以培养大学生正确的价值观，那么同样的，通过大学生职业生涯规划教育就能在一定程度上影响大学生优秀品质的形成。比如，一些高校通常会为学生讲解一些职业生涯规划的理论知识，这些理论知识大多包括职业认知、职业选择的确定和职业目标的实现等。在职业认知阶段就要为大学生传输爱岗敬业、踏实进取、勇于承担等优秀的职业精神；而在大

学生职业选择的确定上又要告知学生如何正确地判断形势、并根据具体情况做出合理选择的方法，学生通过这些方法的学习就不会再盲目地做出选择，从而形成遇事保持冷静的习惯；最后在大学生职业目标的实现上，就会不断地考验学生的心理承受能力，使学生养成敢于坚持的优秀品质。

（二）大学生职业生涯规划教育影响着大学生接受新知识的能力

在大学生职业生涯规划教育下，大学生会意识到社会上任何工作岗位都不是掌握固定的知识就能够完全胜任的，而是要根据工作的需要，不断去学习新的知识、掌握新的技能，这样才能使自己与工作岗位进行很好的匹配。同时，大学生职业生涯规划教育也能够帮助大学生树立正确的职业方向，从而使大学生沿着这一方向，不断提升自己，在接受新知识时也不易出现偏差，进而就能提升大学生接受新知识的能力。

（三）大学生职业生涯规划教育影响着大学生与社会的融合度

上文就提到了，如果大学生无法完成从学生角色到社会成员角色的转变，就会直接影响到他们在社会中的就业问题，从而使他们无法在社会中真正立足，那么他们的就业竞争力就几乎为零。而大学生职业生涯规划教育中会提供给学生更多校外实践和提前实习的锻炼机会，通过这些必要的锻炼来提升大学生与社会的融合度，让他们在转变身份时有一个准备和调整的过程，这样他们在充分认识社会、充分熟悉工作岗位后就能更快地适应。

五、如何通过大学生职业生涯规划教育来提升大学生就业竞争力

要想有效地通过大学生职业生涯规划教育来提升大学生就业竞争力，我们不能只简单地停留在大学生职业生涯规划教育与就业竞争力之间的关系分析阶段，还要对提升的具体策略有一定的思考。

（一）要以独具特色的人才培养理念来指引大学生职业生涯规划教育

大学生职业生涯规划教育最主要的目的就是使学生能够很好地就业，因此，在大学生职业生涯规划教育中我们必须树立独具特色的人才培养理念，只有在正确理念的指引下，才能最终发挥职业生涯规划教育的作用，继

而使大学生的就业竞争力得到有效提升。各大高校一定要充分考虑到学生个体的差异，有针对性地帮助他们形成符合自身的职业生涯规划。

(二) 要以响应国家号召为方向来抓好大学生职业生涯规划教育

为了解决大学生的就业问题，国家适时地发出了"大众创业、万众创新"的号召，从而引发了越来越多的大学毕业生投入到创业的大军之中，以创业带动就业，不仅实现了自身的就业，还创造了更多的就业岗位。但是，在大学生创业过程中也出现了盲目创业的问题，因此，高校要以响应国家号召为方向来抓好大学生职业生涯规划教育，对大学生创业提供更多的指导。

(三) 要以分年级培养为方式来开展大学生职业生涯规划教育

高校在开展大学生职业生涯规划教育时，需要在大学生涯的不同学习阶段适当地开设一些有关大学生职业生涯规划的课程，而且在课程设置上也要有所区分，如在大一阶段要偏重为大学生讲解一些职业生涯规划的理论知识，在大二、大三阶段就要偏重大学生基于岗位要求的实际能力培养，而在大四阶段就是对大学生就业提供具体的指导。

总之，高校开展大学生职业生涯规划教育不仅能够帮助大学生正确评估自身、帮助大学生确立明确的职业选择，还能够帮助大学生提升自身的能力素养。因此，我们要在分析大学生职业生涯规划教育与就业竞争力之间关系的基础上，思考如何通过大学生职业生涯规划教育来有效提升大学生的就业竞争力。在具体策略方面笔者也提出了自己的一些思考，希望能起到一定的借鉴意义。

第三节 以就业创业指导大学生规划职业生涯

对大学生规划职业生涯的指导，首先需要帮助大学生明白"工作"的内在含义，让他们对"工作"有着综合性认知力，这才是教师指导大学生就业创业规划的重要目的。大学生职业生涯规划是根据大学生的自身实际情况进行探究的，并且要结合社会实际发展情况，从而确定职业规划目标，再根据具体目标实施，从而完成成功就业的历程。

一、大学生职业生涯规划内容特点

首先，大学生在考虑职业规划时，要保证内容的综合性，一方面是指大学生要根据自身情况进行综合思考，另外也要根据社会发展情况进行全面考虑；另一方面，大学生从刚进入大学校园到完成大学所有学业，这一期间都应该在职业规划中有所串联，并且每个阶段应紧密结合，依次递进，每一个阶段都应为后一阶段做铺垫。其次，应考虑规划时每个大学生之间的差异性，应根据每个学生的不同情况做出不同的职业规划。因为每个大学生的价值观念是存在差异的，自身家庭或生活环境的不同导致了个性化差异，所以每个大学生的爱好特点以及能力方面都会存在差异，这就需要在规划职业生涯时要具有差异性。

二、以就业创业指导大学生规划职业生涯的研究

（一）对大学生职业生涯规划目前情况的研究

就业比创业占据数量多，一部分高校在指导大学生规划职业生涯时就偏向于指导就业，鼓励学生创业的情况较少，造成这种现象的缘由是对"工作"的内在含义有着片面的了解，所以对大学生职业规划生涯指导需要就业和创业两方面综合指导才能使内容更加完善；注重实践操作而忽视理论基础，大学生职业规划标志着大学生规划工作刚刚开始，而且这项工作包含的内容也较为丰富，必须以理论作为基础，才能够促进大学生职业生涯规划工作的全面发展；只偏重于统一性而忽视学生本身的个性，现在部分高校对大学生职业规划都是采取座谈交流会以及论坛讨论会等形式，都是统一开展的普遍式教育指导，难以展示学生的个性。

（二）大学生职业生涯规划的基本要求

需要就业和创业相统一来指导大学生职业生涯，就业会因不同的学生而产生不同的差异，创业相对就业而言就表现得更为复杂；要根据社会需求确立职业目标，当今世界发展迅速，我国社会发展水平也是呈递增趋势迅猛

发展，社会需要不同行业的优秀人才，因此新的职业需求也不断涌现；要根据自己的特长进行规划，确定自己的长处在职业生涯规划中是有基础的，所谓术业有专攻，每一个职业都要求工作者掌握较高技能才能够引领行业不断发展；根据自己的爱好来选择自己要从事的工作，兴趣爱好是做任何事情较关键的要素，从事自己喜欢的工作，就会使工作本身具有积极作用。

（三）大学生职业生涯规划设计要求

首先要分析学生要选择哪方面的工作，这就需要分析自己的个人情况以及社会发展所需要的人才，它的内容注意包括：自己对哪方面的工作较有兴趣，这根据自己的职业观念产生；自己适合做哪方面的工作，这主要依据个人性格以及自我才能等；用人单位需要说明方面的人才，通过事实来分析自己适合说明方面的工作。其次确定自己所在岗位的目标，目标的确定性在职业生涯规划中占据重要地位，目标按时间可分为短期、中期以及长期等目标内容。最后应明确自己的规划行程，实施大学生职业生涯规划，根据学生每个阶段的特点进行细小的目标规划。

（四）大学生职业生涯规划的意义

首先，大学生能够全面认识自己的现实情况，能够加强大学生就业创业的行动力。现在有许多大学生对自己现实情况不够了解，往往在选择职业生涯时会有盲目性，科学的规划有助于学生对社会发展现状以及个人现状进行了解及熟悉，并为大学生职业生涯规划奠定基石。其次，大学生能够全面认识社会发展情况，这样对创业的具体性有着明确认识。大学生缺乏专业性的职业规划，会导致大学生在选择职业时存在错误性认识，所以统一全面的职业生涯规划能够帮助大学生明确规划目标，从而提高就业率。最后，对大学生的综合素质会有所提高，凝聚就业创业的核心发展力。建立职业生涯规划，能够鼓励大学生，使其充满自信，在学习上更加有动力。

大学生职业生涯规划的内在含义丰富多彩，它包含就业与创业的相互结合，两者同为侧重点，设计内容应遵循"学生到哪个方向创业""在什么地方创业""怎么去创业"等模式，从而引导大学生进行职业生涯规划。这样有利于大学生全方位认识自己，提高就业能力，增强个人综合素质。所以，综

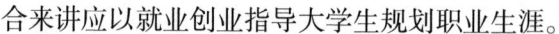

合来讲应以就业创业指导大学生规划职业生涯。

第四节 "慢就业"形势下的职业规划与就业指导

"就业是最大的民生。要坚持就业优先战略和积极就业政策，实现更高质量和更充分就业。"为进一步加强了解我国高校毕业生的最新形势，进一步掌握我国高校毕业生的就业问题，需要社会各界端正态度，了解现状，认清现实，认真分析现存的就业问题，为高校毕业生就业服务出谋划策，真正实现更高质量和更充分就业。

一、"慢就业"的概念

目前根据百度百科的解释，慢就业是指一些大学生毕业后既不打算马上就业也不打算继续深造，而是暂时选择游学、支教、在家陪父母或者创业考察，慢慢考虑人生道路的现象。

二、"慢就业"形势下的职业规划

（一）职业规划的开设应提早

根据中国青年报社社会调查中心联合问卷网的调查结果显示，"没提前规划好未来"被受访者认为是大学生选择"慢就业"的最常见原因。其实，学生的职业规划种子早在中学文理分科时已然埋下，而高考后的志愿填报、专业选择就是萌芽的破土时期。在填报志愿时，需要着重考虑行业的选择，在具体专业的选择上应该在着重考虑学生个人兴趣、个人特长、个人意愿的情况下结合行业发展、社会需求、家庭资源等方面综合考虑。职业规划理应是高考结束后学生及其家长的第一堂必修课，大学入校后的相关教育紧随其后。

（二）职业规划的重视应提升

职业规划不等同于生涯规划，目的性十分明确，侧重点在于职业，职业规划的好坏必将影响个人整个生命历程。职业规划咨询服务三大运作理念为：职业定位、职业目标设定、职业通道设计。这是一个循序渐进且可能发生变化的过程，因为在个人成长中，新事物的产生、新兴趣的建立等因素都将可能重新改变一个人的职业定位。因此，从学生高考结束到踏入职场这个时间段是职业规划最为重要的阶段，学生、家长及教师都应牢牢把握好这一个黄金阶段，避免毕业生进入职场前出现迷茫、逃避、胆怯等心理。

(三) 职业规划的质量应提高

高校的职业规划发展相对社会人才需求发展比较滞后，当社会发展对人才的需要发生变化时，高校依然存在按部就班的现象。主要原因是高校虽然侧重学术型或者应用型人才培养，但是在实施教学过程中什么都想教，什么都想抓，什么都想要，导致大学生普遍实际动手操作能力和抗压能力都较差，难以适应用人单位的要求。那么，如何将社会需要的人才技术融入课程中，运用新颖的教学方法帮助学生自主选择方向，就成为高校职业规划教师思考的问题。其次就是部分高校不注重职业规划的内涵建设，只教学不跟踪，师资、课程设置、社会实践以及设施设备等办学条件不够成熟，大学生就业能力得不到有效提升，在就业市场中缺乏核心竞争力，导致大学生就业期延长。

三、"慢就业"形势下的就业指导

(一) 就业指导的服务应全面

高校要完善就业指导队伍建设，需整合职业生涯规划教师、创业课程教师、就业指导教师、心理咨询师、辅导员等角色的资源，因时施教（大部分高校在毕业前一学期开展），因需施教（学生有就业指导需求，就不分年级、专业等条件）。同时，就业指导队伍时时刻刻都应掌握三个最新的形势：一是国家的就业政策；二是全国的就业趋势；三是各地、各单位的就业信息[1]。再者，开展就业指导的教师不论职称职级都应是一个"多面手"，向学

---

[1] 汪莉. 职业生涯规划与管理 [M]. 北京：华侨出版社，2008.

生提供的服务能起到一定的作用,切忌"踢皮球"。总之,就业指导服务的全面性既要做到学生覆盖面广,又要做到知识系统的全面,还要做到不分场合,不分时机,有求必应。

(二)就业指导的观念应转变

从学生层面来讲,首先需要转变"啃老"观念,强化独立意识,让学生知道"慢就业"是一种奢侈的状态,没有一定的家庭经济支持很难维持,如不自力更生,各界可能也会投来异样眼光;其次是加强自身建设,挖掘个人主要优势,正所谓天生我材必有用,一个人如果无法将自己的优点与兴趣爱好相结合,将无法找到真正有价值感或幸福感的工作;最后做到抓住机遇,把握就业黄金时期,对于高校而言,大部分用人单位会选择在秋季学期进行校招,这也是用人单位优中选优的最佳时期,高校毕业生应该在这段时间多关注各大单位的校园招聘,并积极参与到申请工作的活动之中。从高校教师层面来讲,就业指导的知识、政策、形势等应具有较强的前瞻性,正所谓"知己知彼,百战不殆",如不正确地认识教师自身条件、学生个人具体状况以及社会的就业需求,在就业指导方面是无法让学生信服的。

(三)就业指导的针对性

贴近学生实际地因人施教,开展"就业疗养"工作,服务好有就业困难或者正处于特殊时期需要指导的同学,当好一名就业指导心理师,激发学生的工作热情,倾听他们的诉求,帮助他们做好心理调适,防止产生懒惰懈怠情绪,延长"慢就业"时间。就业指导是高校的必修课,要做其内涵式建设就需要像职业规划一样,既要教又要跟,只有建立就业指导一对一数据库,不断有效地跟踪以及回访,方能知道就业指导落实是否到位,是否产生应有的价值,是否能为学生解决根本问题。再有就是完善并加强落实社会各界的就业指导服务,让学生离校后仍然能够找到专业机构得到就业指导服务。

高校毕业生求职观念的转变和就业指导的片面性很大程度上影响了当前的就业形势。年轻人更多考虑的是未来规划和就业质量,而"慢就业"正好能为他们提供缓冲期,让他们能充分预计自己的工作状态和生活轨迹,成为他们慢下来的理由。纵观人生整个职业生涯规划,学生在高校期间是未雨绸缪的最佳阶段，在校期间理应早日制订一个合理的职业生涯规划，保持乐观的态度，充分认识到复杂的就业形势。择业期间切勿好高骛远，岗位的选择要结合实际情况，多了解求职市场的实际情况，努力提高自身业务能力，多方面寻求专业的就业指导，做好充分的就业准备，以此谋求职业发展机会，促进实现更高质量和更充分就业。

第五节　全程化体验式大学生职业规划与就业指导

一、对职业生涯规划的规避性及模糊性现状的探讨与思索

很多高校对职业生涯规划与就业指导这门课程的认知就是指导就业，对这门课程认识不清，开设课程的目的性太强从而导致教学方向错误。随着高校大规模扩招，日益严峻的就业压力对高校教育来说是一个严峻的挑战。对于学生而言，工作不难找，难找的是合适的工作，教师应该结合市场需求告知学生求职的方法与技巧。而且由于在校生和在岗人员的职业生涯规划方向不同，学校对在校生的职业规划是对其进行引导，而从业单位对在岗员工的职业规划则注重整合和协调。

高校对学生的就业指导的主体非常模糊，没有明确的指向性。对于在岗人员来说，一个在岗人员的职业生涯规划主体非常明确。但是在高校，不同阶段的规划主体略有不同，在初期是以个人为主的自我分析阶段，在规划的过程中是以个人和学校为主体的共同规划阶段，由于社会的渗入还有可能是多项主体。但是大学生的可塑性非常强，要对大学生进行合理引导，使他们树立正确的就业观念。而对于在岗人员来说，则是单一的以自我为主体。

由于职业生涯规划具有不确定性，学校就业指导的教学工作难以被监督，所以，在自主选择、双向就业的企业与学生双向选择的就业模式下，大学生很容易自己否定自己。这是为什呢？因为大学生在短时间内由于方向不明确，行动力不足，而且没有树立起明确的择业观念，因此，很难制订一套适合自己的职业规划。再者，由于现在高校学科体制并不健全，没有建立起完整的与职业生涯相关的学分制度，因此，导致职业生涯规划发展得不完全。

大学生职业生涯规划是个长时间的事情，短时间的培养很难使学生以正确的方式对自己的职业生涯进行规划。现在高校对大学生职业生涯规划的培养是短时间的，只是一种形式的要求，并没有在真正意义上对大学生的职业生涯规划能力进行培养。

二、全程化职业生涯规划的必要性和可行性研究

对于大学生来说，就业是关乎自己未来命运的大事。对于他们而言，就业规划并不是一种计划，而是对自己未来择业有着重要作用的行动规划。所以，学校与学生应该相互合作，共同制订合理的、有效的职业规划。全程化职业生涯规划从教师与学生共同合作的角度出发，结合职业生涯规划需求进行探索和研究。

学生在制订职业生涯规划的过程中，需要教师全程化地对学生的职业规划进行指导。在制订职业规划的时候需要注意以下几个问题，在制订规划时首先要有明确的方向，不能盲目随便地制订计划，而且计划要有条理。很多学生在入学选择专业的时候对专业内容并不了解，进行实际的学习之后，发现自己对前途做了错误的规划。全程化的职业生涯规划可以彻底改变这种局面，将自我定位和学校的监督指导紧密结合起来，让大学生就业目标性更强，方向性更准。

学校要从以下几个方面入手对学生职业生涯进行规划：首先，要把握学生的学习状态和心理状态；其次，要了解学生的兴趣和能力，便于对学生进行有针对性的职业规划；再次，要建立适合学生进行素质拓展的平台，拓展学生的素质和能力；最后，要积极与企业展开合作，并且建立相应的人才培养基地，从日常工作出发对职业生涯规划进行管理[①]。

单位招聘应届毕业生的时候，一般对学生的要求不高，基本遵循可用及录，他们认为现有教育培养的学生，只具有理论水平而实际操作能力很差。所以，用人单位会对实习生进行第二次的培训。但是企业最终追求的是可以直接上岗的具有专业素质的从业人员，所以，这是个高校与企业的双向选择，高校大学生就业难，但是企业选人也不容易。这是我国高校教学体制

---

① 苏墨. 我的职业生涯我做主[M]. 北京：京华出版社，2004.

应该思考的问题。造成如今大学生就业难的根本原因，不正是高校培养出的大学生能力有限，不符合企业的用工定位，所以，高校要对教育机制进行改革，培养应用型人才。

为什么要进行全程化的职业生涯规划与指导呢？主要有以下几个原因：其一，大学是一个人从无知的青少年变成一个心理成熟行事稳重的社会人的关键性时期，通过全程化的职业生涯规划，学生可以根据自身情况对此进行合理的调整和定位。其二，因为职业生涯规划需要一个稳定的环境。大学阶段的教学计划和课程设置有利于确定职业规划的主体，高校搭建素质教育平台有利于学生综合能力的提升。并且对于大学生来说，可以确定明确的职业方向，选择适合的职业道路。

三、全程化职业生涯规划理论体系的建立与实践

高校应建立职业生涯指导体系。首先，要进行专业定位指导。有观点认为，在职业生涯规划中环境定位是优先于个人定位存在的，所以，大学生应认清自己的专业优势，从自己所处的环境出发，选择适合自己的方式进行学习。其次，要进行职业生涯设计指导。由于专业课的开授，学生对专业的理解更加深入，但是对于理想和现实的心理落差很大，所以，教师应从两方面出发，对学生进行心理定位指导和能力定位指导。教师可以通过对学生展开心理测试，从而研究他们的就业方向和心理上可能存在的问题。学校可以建立心理咨询室等对学生的心理问题进行疏导，或者根据学生的个人定位对学生初步的职业规划进行指导。高校应组织教师对职业规划确认进行指导。在大学三年级尽管学生的心理趋向成熟，对个人的认识比较准确，但是随着社会阅历的加深，大学生对自己的未来定位会产生矛盾的心理，选择读研还是工作十分难抉择。针对这个现象，学校应该对学生进行分类管理，对于不同水平不同层次的学生进行分类，然后分别对其进行引导。对于想读研的学生，帮助他们进行专业的学习；对于想工作的学生，帮助他们对就业方向进行正确定位。

高校应该对职业生涯规划机制进行建设。高校建设大学生职业生涯规划全程化理论体系，职业生涯规划机制是不可或缺的一部分，而且要使职业生涯规划更加系统化和规范化，体制建设是少不了的。

现代经济发展与就业规划

综上所述，本节通过对全程化体验式大学生职业生涯规划与就业指导的探究和分析得出结论，随着高校的大规模扩招，如何解决大学生就业难的问题，是现在我国高校教育体制中急需解决的问题。所以，我国教育应该加强对教育体制的改革，大力培养社会需要的应用型人才，全程化体验式大学生职业生涯规划与就业指导加快了就业教育工作制度的完善，缓解了就业压力。

第六节 针对基层就业展开职业规划教育指导

基于目前大学毕业生就业严峻形势，高校正在严抓大学生基层就业工作，积极提高就业指导与职业生涯规划课程教学质量，以提高大学生基层就业的意愿，缓解大学生就业压力。要激发大学生基层就业的动力，要先提高毕业生专业素质，促进个人期望与市场需求对接，做好就业教育指导和职业生涯规划工作，为大学生树立正确的择业观与就业观。

一、大学生基层就业与职业生涯规划教育现状

（一）基层就业意识不足

现阶段大学生人才培养中忽略基层就业意识的培养，纵使国家鼓励大学生到基层就业，以基层就业的人才缺失缓解大学生就业困难的局势，但大学生就业出现结构性的矛盾，一方面是高校对大学生基层就业教育重视不足，未从大学生就业形势严峻的角度，考量大学生基层意识的培养，学校在职业教育中忽略了对基层引进人才的重视，没有设置相应的教学体系与教学内容。另一方面则是高校在人才培养中，对大学生职业规划指导与职业素养培育缺乏长远发展机制，未真正从大学生长远发展入手，规划课程以及教学内容，不少院校的职业生涯规划课程流于形式，对大学生职业发展的影响不大。综上所述，使得大学生基层意识不足，没有服务基层的就业意识。

（二）未与社会基层接轨

目前大学生职业生涯规划课程教育缺乏贴近社会基层，没有直接有效

地针对基层就业，对大学生展开职业生涯指导，加之课程教学中缺乏实践课程体系，大学生没有机会真正走进基层，面对基层，对基层的理解层面局限性较大。大学生难接触基层单位，缺乏对基层单位的直观认识，且教育中忽略了早期关于基层意识灌输与培养的规划，教育内容停留在简历制作、组织招聘会、模拟面试等，没有深入进行大学生性格、技能以及价值观念的探索。所以，职业生涯规划课程教育中，缺乏对大学生就业观与择业观的教育，严重影响大学生基层就业观念的建立。

二、职业生涯规划教育对学生基层就业的影响

职业生涯规划教育，是围绕大学生群体的全程化的职业指导工作，以大学生职业发展为立足点，基于大学生职业发展的相关教育指导，促使大学生更好地了解与分析职业特点，在教育中树立正确的就业观，以激发大学生学习动力，从而让大学生具有较强的就业意识，缓解目前大学生就业的严峻形势。

职业生涯规划教育，是通过对当前形势与发展趋势的解析，以学生发展为主要教育内容，为学生树立正确的就业观念，以先择业再就业的理念，摒除传统人往高处走的思想。因此，大学生教育中必须强化职业生涯规划教育，依托职业生涯规划教育激发学生就业动力，培养学生正确的择业观念，让学生主动、正确地认识基层就业目的，帮助学生树立基层就业的思想，使得学生具备服务基层的意识与能力。

三、针对大学生基层就业展开职业生涯规划教育的策略

(一) 将基层意识教育融入思政课程，树立基层就业观

思政教育是对学生思想引领的主要教育途径，作为政治优势，在思政教育中融入基层意识教育，能有效提高学生基层就业意识。思政教育如今正在互联网、多媒体以及新媒体等平台中逐步创新，构建新的思政教育格局，依托于课堂教学、主题班会教育以及校园舆论宣传的多种形式和途径，在大学生思政教育中实现基层就业意识培养，围绕学生生活、学习以及娱乐等方面展开宣传，为基层意识培养、形成以及升华、巩固等奠定优良的教育基

础[1]。通过网络、校报等多个载体载体,逐步强化大学生的基层意识教育;邀请基层工作人士举办座谈会,宣传基层就业先进典型事迹、各项优惠政策,为毕业生指明基层就业的渠道与途径,树立大学生基层的就业光荣形象,让大学生以服务基层的就业意识,积极投身于基层,转变传统的就业观念;依托于"艰苦奋斗、扎根基层"的主题教育活动,促使大学生做好职业规划,鼓励大学生到基层就业。

(二)树立基层教育意识,优化职业生涯教育内容

职业生涯教育必须贴近社会、贴近生活、贴近大学生,从大学生发展与创新角度,针对大学生职业生涯进行科学、系统性的教学。大学生职业生涯规划课程,作为加强大学生职业生涯规划的重要方式,要摒除传统纯理论的教学内容,基于学生实际需要,优化设计新的职业生涯规划教育内容,让学生接受系统、完善的就业教育,使得学生及时认清自我,了解自我,构建合理的职业生涯规划观念。职业生涯规划课程内容要改革与创新,应该设置面向西部开发、面向基层就业等课程,以我国基层发展与各项政策,作为主要的教学依据,指导学生认识"大学生选调与大学生村官""大学生志愿服务西部计划"等专项大学生基层就业计划,开展面向基层就业的专题指导内容,让学生自主谈论,教师认真摸索与调研,激发学生对基层的兴趣与服务基层的意向。

(三)完善基层就业信息渠道,构建基层就业服务体系

除却在职业生涯规划中树立基层就业教育意识以外,还要为大学生构建基层就业信息渠道,为大学生构建基层就业服务体系。针对学生基层就业需求,提供就业信息、就业服务等,便于学生查询基层就业的各项信息,以招聘信息、基层工作信息、前景信息、政策信息等为主,为学生搭建就业服务平台,便于学生针对基层岗位需求,有针对地性提高自身能力,明确职业发展目标。在职业生涯规划课程中,以服务平台让学生客观地了解基层岗位,基于信息技术与互联网获取各种就业招聘信息,提高学生的就业能力。

---

[1] 潘登,余良仁.健康中国背景下基层就业医学生职业生涯发展现状研究[J].中华医学教育杂志,2019,39(3):236-240.

通过图文并茂的专题形式,在互联网以及新媒体平台中举办主题活动,优化教育内容的同时,革新教学形式与教学方式,培养大学生面向基层的兴趣与服务基层的志向,让学生在完善的服务平台中,明确基层就业方向。

在职业生涯规划课程中,教学内容、教学方式等都是围绕学生就业难的问题,针对学生认不清局势、把不准方向以及找不到岗位等问题,通过系统的教育让学生理性认识当下的行业发展趋势,从岗位人才培养以及人才就业两方面,以学生实际就业为教育出发点,使得学生重新定位自身的发展方向,让学生充分了解基层经济发展与人才需求特点,针对大学生基层就业"水土不服"的本质原因进行分析,进一步帮为学生树立基层就业的信心。

第七节 职业规划与就业能力的提升指导

近年来,关于大学生职业生涯规划与就业能力提升方面的文献很多。邹霞、李继富在《论职业生涯规划在提升大学生就业竞争力中的作用及其实现途径》一文中,指出职业生涯规划帮助大学生转变就业观念,有计划地提升自身素质,提高就业能力,成功达成就业目标。刘小娣在《职业生涯规划在提升大学生就业竞争力中的效能研究》一文中,指出高校职业生涯规划教育缺乏系统的理论研究和实践体系,需要加强职业生涯规划教育,提升大学生的就业竞争力。张朝红、乔海英在《基于职业生涯规划的大学生就业力提升对策——以西北农林科技大学机械与电子工程学院为例》一文中,指出就业形势日趋严峻,大学生需要加强职业生涯规划,提高自身的就业竞争能力。已有的文献主要集中在职业生涯规划教育的重要性,大学生职业生涯规划对于就业竞争力的功能与作用。本节主要研究大学生职业规划与就业能力提升对策。

一、职业规划大学生对于就业竞争力的效能提升表现

职业规划大学生对于就业竞争力的效能提升表现:帮助大学生转换身份,减少大学生就业能力存在的问题,提升就业与职业竞争力。

(一) 帮助大学生转换身份

帮助大学毕业生迅速实现从学生到劳动者的角色转换，缩短其转换过程。当代大学生呈现很多个性化特征，大学毕业之后进入职场，会遇到各种问题和困难，通过职业规划，可以帮助大学生进行职业身份的转换，提高相应的岗位胜任能力，快速地适应各种不同的职业环境，能够快速地从学生身份转变成职业人。职业生涯规划不仅是确定职业方向，更重要的是使学生能够立足工作岗位，敢于面对各种职业压力，在职场中保持充分的竞争优势，从而获取更多的发展空间。

(二) 减少大学生就业能力存在的问题

大学生就业难的主要原因在于大学生的就业能力存在问题。当前就业难的形势下，大学生就业能力存在的问题颇多，主要表现在就业心态不端正(存在眼高手低)、专业技能不扎实(学习不够刻苦)、没有明确的职业生涯规划(大学生涯胡混，毕业时迷茫无措)、缺乏专业实践、综合素质水平低。加强大学生的职业规划，对于大学生来说，能够有效地分析面对就业存在的主要问题，有针对性采取措施提升就业能力，顺利就业；提高岗位胜任能力，就业后能够更好地胜任岗位，拥有较好的发展前途。

(三) 提升就业与职业竞争力

职业生涯规划可以实现大学生的成长与发展，大学生因职业生涯规划与管理，对自我的优势、兴趣、能力以及职业前景有了较为全面和充分的认识，结合企业资源，通过生涯规划技术实现对自我生涯的管理，帮助大学生更好地认识自我，制订更合理的职业规划，有针对性地获取职业知识与技能培训，提升大学生的就业与职业竞争力，成功地就业，就业后能够有效地克服解决职业环境中遇到的各种困难，职业发展中有着较强的竞争优势。

二、大学生职业规划与就业能力提升对策

加强大学生职业规划，提升大学生的就业能力，大学生的就业能力结合了多种能力，包括思想能力、学习能力、实践能力、应聘能力和适应能

力，构建多元能力的人才培养体系，建立职业素养提升工作坊，以提升大学生的职业化素养。

(一) 注重职业规划与能力测试

大学生注重职业规划与职业能力测试，需要分析自己的性格，通过职业能力测试，定位适合自己的岗位；然后分析自己掌握的知识与技能，查找到此方面的不足，有方法、有步骤地提升自己的知识与技能；分析自己掌握的或者能够调配的社会资源，寻找资源优势和不足；进一步确定自己的职业发展目标[①]。

(二) 提升大学生的思想能力

思想能力是指思维能力，是指创新能力和政治鉴别力、社会洞察力、情感道德品质的综合体现。大学生拥有成熟的思想，对于就业形势能够进行分析，形成正确的就业观、择业观，具有创新创业思维。大学生需要努力，不断加强完善自身的思想意识，提升自己的思想能力，发挥主观能动性和自律性，培养自己的辩证分析问题的能力，以更好地就业。

(三) 培育大学生的实践能力

实践能力是指运用知识的能力，是就业环节中的点睛之笔，是各种能力综合应用的外化体现。加强大学生实践能力提升体系构建，鼓励大学生参与各类社会活动，增强岗位体验，增长见识的同时，提高岗位认知能力。高校需要构建符合高素质人才培养目标要求的综合型教学新体系，建立实践教学体系，强化课外科技实践活动部分，鼓励大学生参加学科竞赛，提高大学生实践能力；注重营造校园创新创业氛围，鼓励大学生进行创业实践。

(四) 注重大学生的学习能力

学习能力是指获取知识的能力，它是就业能力的基石。大学生的学习能力能够让大学生提高分析问题、解决问题的能力。学术创新氛围方面，提

---

① 刘海春.高校辅导员职业生涯发展教程[M].北京：人民教育出版社，2009.

高大学生的创新创业能力。大学生要不断提高学习能力，培育多元才能（知识整合能力、社交能力、心理素质、团队合作、理财能力、策划与决策能力），提升核心能力（注意力、观察力、记忆力、思维力、创造力、理解力、语言表达能力、操作能力、运算能力、听/视知觉能力等）。

（五）重视大学生的适应能力

适应能力是指在各种环境中驾驭自我的心理、生理的调节能力，它是大学生就业乃至完成由学生角色向社会职业角色顺利转变的关键。大学生需要注重自我锻炼，重视各类社会实践活动的参与，主动地参与社会工作，对于社会现实有一定的了解，更能尊重社会事实，形成积极的心态。同时，大学生需要注重身心健康发展，积极应对人生挫折，增强耐挫能力，有效地解决所遇到的困难。

（六）建立职业素养提升工作坊

为了全面提升大学生的职业化素养，充分挖掘大学生自身潜能，提高大学生整体素质，打造受用人单位青睐的毕业生队伍，职业素养提升工作坊通过开展多种主题，如语言艺术与沟通技术、个人礼仪与形象设计和自我管理，塑造大学生个人职业形象，培育大学生良好的个人礼仪、规范的处事行为习惯，以及提升大学生职业技能及职业道德等，举办职业素养提升工作坊系列讲座，进一步增强大学生的就业核心竞争力。

在新时期大学生就业难的形势下，大学生需要注重自身长远发展，通过加强职业规划，有目标、有方向地提升自我，以促成自己顺利就业。大学生需要通过职业规划，根据就业形势与政策，调整就业期望，确定职业定位方向，了解未来职业所在的行业现状和发展前景，职业岗位对求职者的自身素质和能力的要求等，并且有效地调整自己的心理和行为，注重培养良好的心理品质，提高自身的能力和素质，提高整合资源的能力，不断提升就业竞争力。

参考文献

[1] 王占军. 大学生职业生涯规划咨询案例精编 [M]. 上海：华东师范大学出版社，2017.

[2] 姚先桥. 职业生涯六堂课 [M]. 北京：机械工业出版社，2012.

[3] [美] 卡耐基职业生涯核心编译组. 你的一生要有一个计划：改变你一生的职业生涯 [M]. 北京：民主与建设出版社，1999.

[4] 郭文臣. 新型职业生涯的挑战与应对 [M]. 北京：科学出版社，2015.

[5] [美] 戴安·萨克尼克（Diane Sukiennik），丽莎·若夫门（Lisa Rauf-man）（著），中国就业培训技术指导中心，清华大学学生职业发展指导中心组织翻译（译）. 职业指导：职业生涯规划教程 [M]. 北京：中国劳动社会保障出版社，2017.

[6] 张婧. 情商左右你的职业生涯 [M]. 北京：朝华出版社，2010.

[7] 汪莉. 职业生涯规划与管理 [M]. 北京：华侨出版社，2008.

[8] 苏墨. 我的职业生涯我做主 [M]. 北京：京华出版社，2004.

[9] 马克思，恩格斯. 马克思恩格斯选集（第 4 卷）[M]. 北京：人民出版社，1995.

[10] 刘海春. 高校辅导员职业生涯发展教程 [M]. 北京：人民教育出版社，2009.

[11] 姚裕军，张再生. 职业生涯与管理 [M]. 长沙：湖南师范大学出版社，2007.

[12] 王泽兵，黄钢成，朱建军. 大学生职业生涯规划概论 [M]. 成都：西南财经大学出版社，2011.

[13] 秦一民. 大学生职业生涯规划指导 [M]. 成都：西南交通大学出版社，2011.

[14] 唐旬. 大学生就业指导 [M]. 北京：光明日报出版社，1989.

[15] 张弛.大学生就业指导[M].上海：华东师范大学出版社，2002.

[16] 孟续铎.新经济下的就业市场变革：灵活就业发展问题及对策[M].北京：社会科学文献出版社，2017.

[17] 李竞能.人口理论新编[M].北京：中国人口出版社，2001.

[18] 保罗·萨缪尔森，威廉·诺德豪斯.经济学[M].北京：人民邮电出版社，2008.

[19] 杰弗里.M.伍德里奇（Jeffrey M. Wooldridge）.计量经济学导论（第4版）[M].北京：中国人民大学出版社，2010.

[20] 鲍明晓.体育产业[M].北京：人民体育出版社，2000.

[21] 杨干忠.社会主义市场经济理论概论[M].北京：中国人民大学出版社，2010.

[22] 罗尔斯.作为公平的正义[M].上海：上海三联书店，2002.

[23] 罗尔斯.正义论[M].北京：中国社会科学出版社，2011.

[24] 约瑟夫·派恩，詹姆斯·吉尔摩.体验经济[M].北京：机械工业出版社，2012.

[25] 鲍健强，黄海凤.循环经济概论[M].北京：科学出版社，2009.

[26] 傅国华，许能锐.生态经济学[M].北京：经济科学出版社，2014.

[27] [英]摩尔.伦理学原理[M].上海：上海世纪出版集团，2005.

[28] 于萍.马克思的需要理论[D].长春：吉林大学，2012.

[29] 王莹.高等师范院校就业指导的现状、问题及对策研究[D].沈阳：辽宁师范大学，2010.

[30] 王楠.新时代背景下浅谈我国大学生就业创业[J].时代教育，2018，3(3)：179-180.

[31] 黄琴诗，潘王群，等.创业意识的影响因素及培育策略——基于在杭高校就业创业指导站的分析[J].青少年研究与实践，2016，31(1)：30-35.

[32] 佟仁城，刘轶芳，许健.循环经济的投入产出分析[J].数量经济技术经济研究，2008，25(1)：40-52.

[33] 诸大建，臧漫丹，朱远.C模式：中国发展循环经济的战略选择[J].中国人口·资源与环境，2005，15(6)：12-16.

[34] 荣朝和. 论时空分析在经济研究中的基础性作用 [J]. 北京交通大学学报 (社会科学版), 2014, 13(4): 1-11.

[35] 廖慧卿. 交换、福利抑或挤占——残障人士的保护性就业 [J]. 社会学研究, 2014, 1(1): 148-173.

[36] 杨蓉蓉. 残疾青少年劳动就业状况及促进研究 [J]. 中国青年研究, 2015, 4(4): 10-17.

[37] 刘文静, 徐青锋, 石蕾, 赵嘉欣, 王芳. 基于实证研究的残疾人就业全面保障机制探索 [J]. 现代商贸工业, 2012, 3(3): 118-120.

[38] 王名, 丁晶晶. 中国残疾人社会管理的创新路径 [J]. 学会, 2012, 9(9): 12-17.

[39] 梁土坤. 残疾人就业保障金政策的制度创新、现实困境及其发展方向 [J]. 理论月刊, 2016, 5(5): 148-152.

[40] 姚小晶. 运动训练专业大学生技能与就业倾向关系研究 [J]. 武术研究, 2017, 2(07): 154-156.

[41] 金广. 新职业生涯时代对大学生职业生涯规划的影响及策略分析 [J]. 湖南科技学院学报, 2017, 38(5): 105-106.

[42] 马艳, 刘泽黎, 宋欣洋. 中国特色社会主义市场经济体制改革的早期探索研究 [J]. 上海财经大学学报, 2019, 21(4): 4-15.

[43] 窦芬, 王明辉, 王书豪. 研究生压力知觉对学业拖延的影响: 有调节的中介模型 [J]. 心理研究, 2019, 12(3): 272-277.

[44] 王存. 基于投影寻踪评价的高职院校毕业生高质量就业研究 [J]. 三门峡职业技术学院学报, 2019, 18(02): 144-148.

[45] 杨柳, 张玉璩, 李永萱, 等. 人工智能对我国大学生就业的影响分析 [J]. 现代商贸工业, 2019, 40(16): 74-76.

[46] 张展鹏. 职业生涯教育视角下大学生就业力培养体系构建 [J]. 邢台职业技术学院学报, 2019, 36(1): 41-46.

[47] 张建汉, 林燕妹, 林福星. 以提高就业导向化工专业人才培养模式的探索 [J]. 教育现代化, 2020, 12(1): 8-9.

[48] 初金哲, 岳有龙, 潘妍. 基于供求理论的经管类大学生就业问题探究 [J]. 南方农机, 2020, 10(5): 203.